中輩の機類

観無量寿経講読XXI

円日成道著

群萌学舎
永田文昌堂

表紙・カット　折口浩三

巻頭言

経典は、お釈迦さまのご説法が書かれたものです。お釈迦さま没後数ヶ月の後に、マガダ国の首都・王舎城の郊外に仏弟子五〇〇人があつまり、摩訶迦葉を編集責任者として、お釈迦さまの教えが確認され、経典の編纂が行なわれました。だから、経典は「如是我聞」ではじまるのです。

わが仏教学の恩師は、「仏教を学ぶときには、如是我聞と聞け」と教えられた。おのれの私意をはさまずに、まずその遺された言葉の真実に耳をかたむけよ、ということでしょうか。

『観無量寿経』という経典を学習すれば、人はそれぞれに深い感慨をいだき、人はそれぞれに深く心に刻まれるものを享受するはずです。それぞれが自らの歩みのなかで、如来の真実心に深くふれる機会をもてばよいのでしょう。

江戸時代に『観経』に学んだ、小林一茶という俳人がいました。文化一〇年の『七番日記』に、次のような句が掲載されています。

下々も下々下々の下国の涼しさよ

この句を皆さんは、どのように解釈されるでしょうか。一茶の生まれた故郷、柏原は信濃の国の端に位置します。「下々の下国の信濃もしなののおく、しなのゝ片すみ」です。だから普通には、「下国は寒冷で地味が痩せ、耕地のない、貧しい土地柄をいったものであろう。下国であるかわりに、夏は涼しい。」と解釈されています。はたして一茶はこの句を、このような思いで作ったのでしょうか。

この句は蓮を詠じた七句の間に置かれていますが、この句だけ蓮という言葉がありません。『観経』を知らなければ、先のように解釈されるでしょう。しかしこの句は、『観経』の九品往生思想を受けたものです。『観経』には、下品下生の者は心に仏を念ずることができないならば、無量寿仏のみ名を称えよ、と念仏を勧めています。そして、「もし念仏するものは、まさに知るべし。この人はこれ人中の分陀利華なり」といわれます。分陀利華は白蓮華、「下々も下々」の句には蓮の言葉はないけれども、『観経』のこの言葉を念頭において作られたのです。一茶にとって本当の涼しさとは、念仏を通した涼しさなのです。一茶は真宗の教えが下品下生の救済にあると見定めて、自らを下々品下々生の凡愚者と諧謔的にとらえ、凡愚者の往生浄土への道を歩む、念仏を通した涼しさと言っているのです。一茶は『観経』から、凡愚の自覚と念仏の普遍性を見ました。

『観経』は人間存在の危うさを教え、すべての人間が苦悩を背負う一人であると教えてくれます。おのれの器量を知れば知るほど、おのれにひそむ深い闇を率直に認めざるをえません。「如是我聞」と如来のこころに聞いていきたいものです。

二〇一八年一月

『群萌学舎』世話人　田坂英俊

目次

第二講

第四講

第一講

中輩生想《ちゅうはいしょうそう》

お早うございます。早速はじめましょう。

さて、今回から散善の上輩の三品を終りまして、中輩の三品を学ぶわけであります。

ふりかえって上輩の三品の中心は「行」であります。「十一門」の表を見ていただきますと、第六門「受法の不同」がその行をあらわしていることがわかります。第一から第三表を見て下さい。

上・上では**『慈心《じしん》にして殺《ころ》さず、諸《もろもろ》の戒行《かいぎょう》を具《ぐ》す』『大乗方等経典《だいじょうほうどうきょうてん》を読誦《どくじゅ》す』『六念《ろくねん》（佛《ぶつ》・法《ぽう》・僧《そう》・戒《かい》・捨《しゃ》〈布施《ふせ》〉・天《てん》）を修行《しゅぎょう》す』**ですし、

上・中では**『必《かなら》ずしも方等経典《ほうどうきょうてん》を受持《じゅじ》し読誦《どくじゅ》せざれども』『善《よ》く義趣《ぎしゅ》を解《さと》り、第一義《だいいちぎ》において心驚動《しんきょうどう》せず』『因果《いんが》を深信《じんしん》し大乗《だいじょう》を謗《そし》らず』**でしたし、

上・下では『**亦**《また》、**因果**《いんが》**を信**《しん》**じ大乗**《だいじょう》**を謗**《そし》**らず。ただ無上道心**《むじょうどうしん》**を発**《おこ》**す**』で、受ける法の不同《ちがい》はありましても、これらの三種の法をつらぬくものは、第八門にもありますように、これらの行を回向して極楽浄土に生れんとするものであります。「行」をもって往生極楽を願求するものです。

もちろん、上・上には『**諸**《もろもろ》**の戒行**《かいぎょう》**を具**《ぐ》**す**』とありますし、また『**六念**《ろくねん》』のひとつには『**戒**《かい》』もありますから、まったく戒がなかったわけではないのですが、それは以上の行全体から申しますなら付随的なものであります。つまり上輩においては、以上のような行を遂行するためのひとつの助けとしての意味で戒を用いたものであったと思われます。ですから、上輩の三品においては、その中に含まれます戒は大乗を修めるために自発的に実践された能動的な行であったにちがいないと思われます。

ところが中輩の三品になりますと、さまざまな戒律がでてまいります。序分の散善顕行縁で学びました『**三福**』の第二「戒善」がその中心になると思います。

もちろん、きちんと分けられるものではありませんが、すくなくとも中・上、中・中の二品をつらぬく中心は「戒」であります。そして中・下の一品を『三福』に充当するとすれば「世善」であります。これらにつきましては後で学ぶわけでありますが、大略すればそういうことであります。

背私向公

最近、気がついたことですが今まで学んだ上輩の人びとは「大乗を修学する上善、次善、下善の凡夫」だったわけですね。まぁ、出家沙門といいますか、縁あって大乗佛教を歩まんとする方々だったわけです。

といいますのは、実は十七条憲法の第十五条（聖典一四三七頁）に「私《わたくし》に背《そむ》きて公《おおやけ》に向《ゆ》く」という言葉が気になっているのです。「背私向公」ですね。

戦争中、学生だった世代ですから滅私奉公ということばは、いつも聞かされたことなのです。よく似ている言葉です、背私向公と滅私奉公。しかし滅私奉公、私を滅して公に奉戴《ほうたい》する（命を捧げる）ということが、きわめて観念的であり偽善的なフレーズであったことは、戦中・戦後にかけて、いやというほど知らされたことでした。だからといって、人間が社会的存在であるかぎり「公」を無視して「私」にのみ走ることは人間そのものの存在を否定することになることも明らかなことであります。滅私奉公というフレーズは、そのまま人間否定のそれであることはいうまでもないことです。

そのようなことから聖徳太子が十七条憲法で表現された背私向公という言葉には、大乗佛教に出遇われた太子の生涯をかえりみるとき、重要な意味を持つ、いいかえれば太子の生涯をささえる、まさに腸（はらわた）がちぎれるような苦悩の底から生れてきた表現だったと思われます。

自己一人の尊厳に徹しつつも、自己の一生をも背にして公に万人の成佛を先としていく、その志願こそ、上輩の人々の『**無上道心**』であったにちがいないのです。

考えてみれば人間であるかぎり、出家とか在家とかのちがいを越えて、そして更に意識・無意識のちがいを越えてですね、『**無上道心**』といい「背私向公」といい万人が持っている心根ではないでしょうか。

このごろ思うのですが、最近の世界情勢など見ておりますと、ほかに石油などの問題があるにしろキリスト教・ユダヤ教とイスラム教圏の対立・憎悪は想像を絶します。そしてイスラムとヒンヅーの対立も激しいですね。ひとり佛教のみが、そのような対立から遠いように思われます。争うのも生きている証拠ですから佛教は争う力も持ち得なくなったのかも知れませんが。

そんなことから思いますのは、上輩生想の人びと、つまり大乗の縁に遇われた人びとに思いを至しますとき、すぐに憶い出しますのは聖徳太子の亡きあと、蘇我の入鹿によって斑鳩《いかるが》の宮が包囲されたとき、山背大兄王子《ヤマシロノオオエノオウジ》ほか聖徳太子の子孫の方々が、みな自害しはてられたことであります。ここで太子一族の血は絶えてしまうわけです。この伝統はベトナム戦のとき佛僧たちの焼身自殺を想起させるものですね。

『慈心不殺』

『慈心《じしん》不殺《ふせつ》＝慈心《じしん》にして殺《ころ》さず（聖典九二頁・一〇八頁）**』**

この言葉は二度にわたって出てきます。はじめは「散善顕行縁（聖典九二頁）」のところで『**慈心《じしん》にして殺《ころ》さず**、十善業《じゅうぜんごう》（不殺生《ふせっしょう》・不偸盗《ふちゅうとう》・不邪婬《ふじゃいん》・不妄語《ふもうご》・不両舌《ふりょうぜつ》・不悪口《ふあっく》・不綺語《ふきご》・不貪欲《ふとんよく》・不瞋恚《ふしんに》・不邪見《ふじゃけん》）を修《しゅ》す』とでてきます。

善導さまは、この語を解説されて「『**慈心不殺《じしんふせつ》**』といふは、これ一切衆生《さいしゅじょう》みな命《いのち》をもって本《ほん》となすことを明《あ》かす。もし悪縁《あくえん》を見《み》て、怖《おそ》れ走《はし》り蔵《かく》れ避《さ》くるは、ただ命《いのち》を護《まも》らんがためなり（七祖三八五頁）」といわれ、また「殺業《せつごう》に多種《たしゅ》あり。あるいは口殺《くせつ》あり、あるいは身殺《しんせつ》あり、あるいは心殺《しんせつ》あり（七祖四七〇頁）」と、殺生の行為にいろいろの種類があることが説かれています。

「口殺」というは処分することを許可することだといわれていますし、「身殺」とは体《からだ》や手などを動かして指授すること、つまり指図《さしず》すること、「心殺」とは方便を思念して計校《けきょう》する、訳しますといろいろと方法を考えて計画することだと説かれています（七祖四七〇～四七一頁―意訳）。これはおもしろいですね。直接に殺害するというより、殺害することを許可したり、指揮したり、殺害の方法を計画することを善導さまは「殺業《せつごう》」だと云われているのです。まさに「一将、功成りて万骨枯る」というわけです。戦争など、そのとおりではないですか。いつの時代でも勝利して称讃されるのは指揮した一将軍の功績であって、その裏には万の兵卒の枯死《こし》があるのです。善導さまは、そこをちゃんと見抜いておられるのです。

二〇〇二年、わが国の国会では「有事」という名の「戦争三法」が俎上にのぼっていますが、「有事法制三法」は、まさに「殺業法」といっていいと思います。

随縁的存在

さて、善導さまは上輩生想の三類の人びとのうち上・上を「大乗《だいじょう》を修学《しゅがく》する上善《じょうぜん》の凡夫人《ぼんぶにん》（七祖四五四頁）」。上・中を「大乗次善《だいいじょうじぜん》の凡夫人《ぼんぶにん》（七祖四七五頁）」。上・下を「大乗下善《だいいじょうげぜん》の凡夫人《ぼんぶにん》（七祖四七八頁）」と学んできました。

今回から学ぶ中輩生想のうち中・上と中・中を「小乗根性《しょうじょうこんじょう》の上善《じょうぜん》の凡夫人《ぼんぶにん》なり（七祖四八一頁）」といわれ「小乗下善《しょうぜんげぜん》の凡夫人《ぼんぶにん》なり（七祖四八四頁）」といわれていますが、中・下の人びとを「これ世善上福《せぜんじょうふく》の凡夫人《ぼんぶにん》なり（七祖四八六頁）」と、それぞれの位を定めてあります。

まぁ、そのとおりだと思いますが、大乗・小乗という文言に固執することはないですね。基定にあるのは、大乗（行）・小乗（戒）の縁にあった凡夫であることです。縁によっては上・上にもなるし下・下にもなる、それが凡夫と九品にわたって善導さまが名づけられた意味です。凡夫とは随縁的存在をいうのです。もちろん中・下の人びとは佛法に遇う縁がなく、散善顕行縁で学びました世福である『**父母《ぶも》に孝養《きょうよう》し、師長《しちょう》に奉事《ぶじ》し、慈心《じしん》にして殺《ころ》さず、十善業《じゅうぜんごう》を修《しゅ》す**（聖九二頁）』という徳目を実践せんと務めてきた人ですから、善導さまは「世善上福の凡夫人」といわれているのです。

経文に入ってまいります。まず、第一段です。善導さまの科文です。十一門表の四枚めを参考にしてください。

『**佛《ぶつ》、阿難《あなん》及《およ》び韋提希《いだいけ》に告《つ》げたまはく**（聖典一一一頁）』

これだけです。なぜ散善を請求しなかった韋提希までお呼びになったかは、もはや学びましたので略してもいいですね。「十一門」でいいますと第一門、「佛の告命」です。

『**中品上生《ちゅうぼんじょうしょう》といふは**（聖典一一一頁）』

これが第二段。「その位《くらい》を弁定《べんじょう》することを明《あ》かす。すなはちこれ小乗根性《しょうじょうこんじょう》の上善《じょうぜん》の凡夫人《ぼんぶにん》なり（七祖四八一頁）」と、善導さまが解説されているところです。

「十一門」の第二門ですね。

中輩の中・上、中・中は、小乗の上善・下善と善導さまは申されていますが、われらは大乗・小乗という予定観念を捨てて、中・上、中・中を学んでまいります。

受法の機

経文の第三段に移ります。

『①若《も》し衆生《しゅじょう》ありて、②五戒《ごかい》を受持《じゅじ》し、八戒斎《はっかいさい》を持《たも》ち、諸戒《しょかい》を修業《しゅぎょう》し、③五《ご》逆《ぎゃく》を造《つく》らず、④衆《もろもろ》の過患《かげん》なからん（聖典一一一頁）**』**

いろいろな戒が列んでいますので、とりあえず語句の解釈をすべきでしょう。

戒については、序文でしたが「禁父縁」のところで牢獄に幽閉された父王・頻《びん》婆沙羅《ばしゃら》に釈尊が富楼那《ふるな》を派遣しまして、八戒を授けるところがありました。（聖典八七～八八頁)。書物では第三巻のあたりです。まぁ、復習しておきましょう。『五戒《ごかい》を受持《じゅじ》し』は、在家信者が守るべき五つの戒《いさ》めのこと。①不殺生戒《ふせっしょうかい》(生きものを殺さない)②不偸盗戒《ふちゅうとうかい》(盗みをしない)③不邪淫戒《ふじゃいんかい》(男女の性について乱れないこと。特に妻以外の女・夫以外の男と交わらないこと。)④不妄語戒《ふもうごかい》(嘘をつかないこと。他に不悪口《ふあっく》・不両舌《ふりょうぜつ》・不綺語《ふきご》等あり)⑤不飲酒戒《ふおんじゅかい》の五つを受持せよとの戒めです。

『八戒斎を持ち』

まぁ、これは父王・ビンバシャラが受けた戒ですが、特別な期間(たとえば一日一夜を限って)に男女の在家信者が守る八種の戒めで、出家は常時八戒斎は守るわけですから、在家信者として、せめて一日一夜だけは守るという形をとったものです。

それはさきの五戒に加うるに衣・食・住の贅沢についての戒めでありましょう。まず、不得脂粉塗身戒《ふとくしふんづしんかい》（贅沢な衣装や化粧などを身につけないこと）。不得歌舞唱伎及往観聴戒《ふとくかぶしょうぎぎゅうおうかんちょうかい》（歌舞唱伎であそんだり娯楽を観たり聴いたりすることを戒めること。不得上高広大床戒《ふとくじょうこうこうだいしょうかい》（上等な寝床や広大な住居をしない戒め）。最後に『斎《さい》』というのは食事のことでして、一日一食を守ること。正午以後は食事をしない戒です。これまで入れますと九戒になるのですが、普通、八戒斎といっています。現在でも年回法要などしますと、あとで「おとき」といって皆食する習慣は残っています。あれは「お斎《とき》」と書きます。

ミヤンマやタイなどでは今日でも僧侶は正午前に一食いただくだけのようです。つまり五戒以外の三戒と斎は衣・食・住の贅沢を戒めるものです。

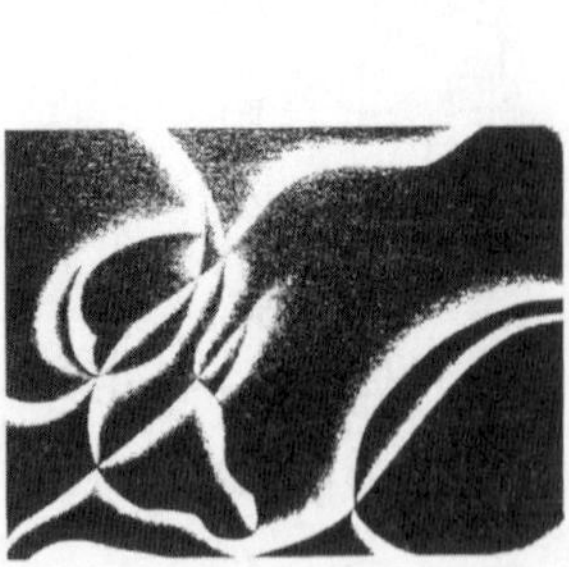

『五逆（罪）を造らず』

この「五逆罪」は無間地獄《むけんじごく》に堕ちる大罪で五無間業ともいわれるもので八大地獄でもっとも重いものといわれるものです。

一は母を殺すこと、二は父を殺すこと、三は阿羅漢（聖者）を殺すこと、四には佛の身体を傷つけて出血させること、五は教団の和合を破り分裂させること。これらは小乗でいわれるもので大乗の五逆罪は左のとおりであります。

一は塔寺を破壊し経蔵を焼き三宝の財宝を盗むこと、二は声聞・縁覚・大乗の教えをそしること、三は出家の修行を妨害し殺害すること、四は小乗の五逆罪をおかすこと、五は因果の道理を信ぜず十種の不善の行為をなすこと（聖典一四八二頁参照）。

興味ぶかいのは、インドの小乗の文献で五逆罪は殺母・殺父の順が、中国や日本では殺父・殺母の順序に変えられていることです。

以上、第三段を意訳しますと「もし佛法を求める衆生のなかで、五戒を受持し、八戒斎を保持し、諸々の戒を修めて、五逆罪を造らず、そのほか種々の過失がないようにと、自らの心身をいましめるのである」ということになるでしょう。

ここで**『受持《じゅじ》し』**とか**『持《たも》ち』**とか**『造《つく》らず』**とか**『過患《かげん》なからん』**という言葉が出てきますが、それらは倫理や道徳としてではなく小乗出家の僧に授けられた、こよなき佛法として、できれば生涯、できなければ日時を定めて**『受持《じゅじ》し』****『造《つく》らず』****『過患《かげん》なからん』**とやってみるのです。結果を期待して、目的があってやるのではないのです。佛法は何かを求めてやるのではないのです。無条件に、それが教法であるからやるのです。

不殺生戒ひとつだけでもいい、今日一日だけ、一週間だけは殺生するのはやめようと、精進の日時を定めてやるのです。それが自然として、おのれの生活の上に、さらには家庭生活または社会生活の上に文化となってくるのです。今日《こんにち》は知りませんが、かつては安芸（広島）地方では毎月十六日（親鸞さまの命日）、魚市場は休日だったと云われていました。それが『**五戒《ごかい》を受持《じゅじ》し八戒斎《はっかいさい》を持《たも》ち**』ということでしょ。規則とか規範とかではなく、宗教上の道理として現実にそうなるのではないかと思うのです。戒律ではなく戒ですね。でないと窮屈になってしまうのです。

汝はこれ凡夫なり

善導さまによりますと、この第三段の経文を四項にわけて解説されています。意訳して読んでみます。十一門表を利用しましょう。

第一に、この中・上の人びとは、この諸々の戒に堪《た》えるものと堪えることができないものとを簡《えら》ぶことを明かしたのだと。

第二に小乗の斎戒などを受持することを明かしたのだと。

第三にこれらの小乗戒は微力であって五逆の罪を消すことができないことを明かしたのだと。

第四に小乗戒等を犯すことはなくても、もしも他に罪や過《あやま》ち（余愆《よけん》）があれば、つねに、懺悔し悔《く》いあらためて、必ず清浄にならしめなくてはならないことを明かしたのだと（七祖四八二頁）云われています。

このことは「十一門」でいうと、第五門の「機《き》の堪《かん》と不堪《ふかん》を簡《えら》ぶこと」と第六門の「受法の不同（ちがい）を明かす（七祖四五三頁）」にあたるものです。序分の散善顕行縁でいうなら、戒福のなかの第二『**衆戒《しゅかい》を具足《ぐそく》し**（聖典九二頁）』にあたるものであることは云うまでもありません。

しかし、今は意訳したのですが善導さまの解説はおかしいでしょ。

この第三段には諸の戒と『**五逆《ごぎゃく》を造《つく》らず**』とあるにもかかわらず、善導さまは「小戒《しょうかい》の力《ちから》、微《み》にして五逆の罪を消さざることを明かす（七祖四八二頁）」と解説されているのですから、わけがわからんのです。答になっていないじゃないですか。解説になっていないでしょ。無茶苦茶です。なんど読んでも納得がいかんのです。

そして、いまは次のようにいただいています。

経典は「教え」なのです。そして善導さまの観経疏は経典の単なる解説の書ではなく、経典を通しての彼の領解《りょうげ》なのだということです。結論を申せば「善導、われこそ凡夫なり」というご自身の凡夫の自覚からの発言なのです。序分の定善示観縁のところで佛陀が韋提希にむかって『**汝《なんじ》は是《こ》れ凡夫《ぼんぶ》なり**（聖典九三頁）』と申された言葉ですね。その『**汝《なんじ》**』を善導さまはご自身にいただかれたのです。あそこでは、その『**汝**』はただ韋提希にとどまらず、『**未来世《みらいせ》の一切衆生《いっさいしゅじょう》の、煩《ぼん》悩《のう》の賊《ぞく》のために害《がい》せらるる者《もの》のために**（聖典九二頁）』と相手がスライドしてゆきますね。善導さまも、その例外ではなかったはずです。

そして『**汝はこれ凡夫なり**』の経言につづいて『**心想羸劣《しんそうるいれつ》にして、いまだ天眼《てんげん》を得《え》ざれば、遠《とお》く観《み》ることあたはず**（聖典九三頁）』でしょ。縁に遇えば何するかわからない存在だということです。凡夫とは随縁的存在、先師の言葉を借りますなら「放っといたら、なにしでかすかわからん」存在だというのです。そうとすれば、「十一門」の第五門で云われています「機の堪と不堪を簡ぶこと」と分類されています文言で、大事なのは「不堪」にある。言わんとされたのは「不堪」にあるということです。一応、「堪と不堪」をたててはあるけれども、善導さまの領解は下品下生にまで望見されての分類であることを思えば、力点は、「不堪」にあるのです。

もはや学んだところですが、「貧瞋《とんじん》・邪偽《じゃぎ》・奸詐《かんさ》百端《ひゃくたん》にして悪性侵《や》めがたく、事蛇蝎《ことじゃかつ》に同じきは、三業（身・口・意の行為）を起《おこ》すといへども名づけて雑毒《ぞうどく》の善となし、また虚仮《こけ》の行と名づく。（七祖四五五頁）」とまで云いきった善導さまです。ここで教示される諸の戒行が「真実の業と名づけず。もしかくのごとき安心《あんじん》・起《き》行《ぎょう》をなすものは、たとひ身心を苦励《くれい》して、日夜十二時急《きゅう》に走《もと》め急になすこと、頭燃《ずねん》を救《はら》ふがごとくするものも、すべて雑毒《ぞうどく》の善と名づく（仝頁）」とまで申されたのですから、人はどうあれご自身が、かかる戒行に堪《た》える機ではありえない凡夫である。そのことを徹底して自覚されたところからの第五門なのですね。

堪と不堪

もちろん「まさしく機の堪と不堪とを簡ぶことを明かす」と第五門に解説されるのですから、堪えることのできる人がいることを否定しているのではありません。しかし、九品と人間を分類したところで、凡夫に変りはないのですから、「堪と不堪とを簡ぶことを明かす」のは、ただひとつ、縁によることであります。上・上から下・下まで、九品を貫ぬく善導さまの人間観は凡夫であるということ、いつぞや高浜虚子の一句、

去年今年《こぞことし》つらぬく棒のごときもの

この棒ですね。聖者とか賢者の区別をこえて貫ぬく棒こそ、九品すべて凡夫、随

縁的存在、「ほっといたら、なにをしでかすか、わからん」のが凡夫なんです。

そのことを踏まえて、次に注目したいのは善導さまが中・上を押えて「小乗根性の上善の凡夫人（七祖四八一頁）」と位《くらい》を定めてあることです。おもしろい言葉を使ってありますね。

「根性」、これは九品の位を定めるのに、この言葉を使ってあるのはここだけです。広辞苑によりますと、「その人の根本的な性質」「心根《こころね》」「しょう根」などとあります。「根性腐り」「根性曲《まが》り」「根性悪《わる》」「根性を入れかえる」などの例は、いい意味で使われていない例です。しかし「根性骨《ぼね》」「根性魂《たましい》」などになりますと、そう悪い意味ばかりではないようです。「あいつは、いい根性しとる」などと九州のほうでもいいます。

そのように根性そのものに固定的評価があるわけでもなさそうです。縁あって「小乗根性の上善」の法を受ける機類となった凡夫なのです。

くどいようですが、縁に遇えば、上・上の「大乗を修学する上善の凡夫人」にもなるし、縁に籍《よ》れば下・下の「具《つぶ》さに五逆等を造れる重罪の凡夫人」にもなる、それが凡夫の根性というものでしょう。

まぁ、観無量寿経が説かれる発端となった王舎城の悲劇に即して云いますなら、父王を七重の牢獄に幽閉し死に至らしめた阿闍世こそ『**五戒を受持**』できないばかりか『**五逆（罪）**』すら造ってしまった凡夫であることを見通しての佛説であったと思いますし、この五逆罪を造ってしまった阿闍世の問題は、下・下品に至って抑止門釈《おくしもんしゃく》として、とりあげておられるところです（七祖四九四～四九五頁）。親鸞さまも『教行信証』の「信巻」において、この問題を「（五）逆・謗（法）摂取釈」、つまり五逆罪と正法を誹謗するものを摂取する釈として『涅槃経』と『浄土論註（曇鸞）』、さらには善導さまの「抑止門釈」その他を引用されて、聖典の二六六頁から三〇四頁までも論じてあるところです。

思えば、この問題は阿闍世《あじゃせ》だけの問題ではありません。阿闍世という名は、原本では Ajātaśtru（アジャータシャトル）であって、阿闍世とは原本の音訳です。

意訳すれば「未生怨《みしょうおん》」です（浄土三部経下一〇四〜一〇五頁＝岩波文庫）。また「不生怨（聖典二七八頁）」また「善見（聖典二九〇頁）」とも名づけられた王子です。未《いま》だ生れていない、未だ起っていない怨《うら》みを持ったものとでも読んだらいいのでしょうか。古沢平作はアジャセ・コンプレックス（complex）と云っていますので「怨」とは「複雑な心情、複合的深層意識」とでも表現されるものでありましょう。

そうとすれば、人はみな阿闍世なのでありましょう。人はみな親子関係において複雑な心情を抱いていて生れてくるものでありましょう。生れてからも人の子は、親を徐々に徐々に殺してゆくことで成長し自立していくのではないでしょうか。

吉野弘の『父』という詩を読んでみます。

何故　生まれなければならなかったか

子供が　それを父に問うことをせず
ひとり耐えつづけている間
父は　きびしく無視されるだろう。
そうして　父は
耐えねばならないだろう

子供が　彼の生を引受けようと
決意するときも　なお
父は　やさしく避けられているだろう。
父は　そうして
やさしさにも耐えねばならないだろう。

かくして人はみな五逆罪を犯すものであります。阿闍世という名は固有名詞であると同時に普通名詞でもある、人に名づけられた普遍的な体言なのです。

この問題は下・下に至って、また論じてゆくとします。

善導さま自身、『往生礼讃』の中で「佛《ぶつ》の本願《ほんがん》に乗《じょう》じて阿弥陀佛国《あみだぶっこく》に上品往生《じょうぼんおうじょう》せん（七祖六六九頁）」と讃じながらも、自身は中品上生たりえない機類である自覚のもとで、「不堪」という文言を付けざるを得なかったのです。

云いかえれば「われ、中・上の法を受くるに堪え得ざる機なり」という自覚というか慚愧の心が、善導さまによって「堪と不堪」という解説になったものでありましょう。

畢命を期とす

中・上には「十一門」の第七門である「まさしく修業《しゅごう》の時節《じせつ》に延促《えんそく》（長短）異《こと》なることあることを明《あ》かす（七祖四八一頁）」にあたる経文はありません。

しかしながら善導さまは「しかるに修戒《しゅかい》（戒を修める）の時《とき》は或《ある》いはこれ終《しゅう》身《しん》、或《ある》いは一年・一月・一日・一夜・一時等《とう》なり。この時《じ》また不定《ふじょう》なり。大意《たいい》はみな畢命《ひつみょう》を期《ご》となして毀犯《きぼん》することを得《え》ず（七祖四八二頁）」と云われていますから、中・上の第三段の諸々の戒を修める長さは一生のあいだということもあろうし一年間、一か月、一昼夜、一夜など、それ以下の長さもあるし、時間の長短にきまりはないのだが、まぁ意とするところは命が終るまで毀《こわ》し犯《おか》したりすることがないように、ということであります。

ここでいわれています「大意はみな畢命を期となして毀犯することを得ず」という善導さまの文言は、特に修行の長短などの経文がなくても他の品もこれに順ずると考えてよいと思います。

とにかくも小乗戒の力は弱いので、これを犯すようなことはなくても、他にいろいろな罪を犯してしまうこともあるであろうときは、改悔して必ず清浄にならしめねばならないと善導さまは第三段の解説を終られてあります。

本疏（善導さまの観経四帖疏）もそうでありますが、具疏（法事讃・観念法門・般舟讃往生礼讃）も合せて、善導さまの全著述に一貫しているのは懺悔《ざんげ》と讃嘆でありあります。ここに「改悔」といわれる文言も懺悔であることを銘記しなければなりません。

善根の正体

第四段へ進みましょう。経言は

『此《こ》の善根《ぜんこん》を以《もっ》て回向《えこう》して西方極楽世界《さいほうごくらくせかい》に生《しょう》ぜんと願求《がんぐ》す（聖典一一二頁）』です。

ここにも、さきほど出てきました「根性」とありましたように『**善根**』という経言がでてきました。特別にめずらしい言葉ではないのですが、世間の倫理道徳の世界では善とはいっても『**善根**』とは普通にはいわないでしょ。宗教的な意味を持っているのではないでしょうか。

たとえば『**八戒斎**』の中の第六戒「脂粉、身に塗るを得ず」第七戒「歌舞唱妓および観聴に往くを得ず」そして第八戒「高広大床に上るを得ず」、さらに食事は正午までに一回のみという『**斎**』など道徳倫理の世界では、なんら否定されるものではないですね。

ところが『**善根**』とか「小乗根性の上善の…」などといわれますと、道徳倫理の上では整合性のあったものも宗教上では矛盾として出てくるのです。中・上に挙げられた諸々の戒行はそれを実行する行者自身の心根の正体を暴露してやまないのです。

何が暴露されるのか云うたら、『**善根**』とか「小乗根性の上善」といわれるものの基定のところに巣くっている「雑毒《ぞうどく》の善《ぜん》（七祖四五五頁）」であります。その「雑毒の善」から生れてくる行はすべて「虚仮《こけ》の行《ぎょう》と名《な》づく。真実《しんじつ》の業《ごう》と名《な》づけず。もしかくのごとき安心《あんじん》・起行《きぎょう》をなすものは、たとひ身心《しんしん》を苦励《くれい》して、日夜《にちや》十二時急《きゅう》に走《はし》り急《きゅう》になすこと、頭燃《ずねん》を救《はら》ふがごとくするものも、すべて雑毒《ぞうどく》の善《ぜん》と名《な》づく。この雑毒《ぞうどく》の行《ぎょう》を回《え》して、かの佛《ぶつ》の浄土《じょうど》に生《しょう》ずることを求《もと》めんと欲《ほっ》せば、これかならず不可《ふか》なり（仝頁）」なのです。

中・上でいわれる諸々の戒行ですね。それを『**善根**』と。『**この善根をもって回向して西方極楽世界に生ぜんと願求す**』るといわれている。ところが行者自身の『**善根**』が雑毒の善であり、修める戒行が虚仮の行であることが佛法に出会うことで自覚されてくるのです。善導さまの言葉を借りますなら「まさしくかの阿《あ》弥陀佛《みだふつ》、因中《いんちゅう》に菩薩《ぼさつ》の行《ぎょう》を行《ぎょう》じたまひし時《とき》、すなわち一念《ねん》一刹那《せつな》に至《いた》るまでも、三業《ごう》の修《おさ》めるところ、みな真実心《しんじつしん》のうちになしたまひ（七祖四五五～四五六頁）」しことに思いをいたせば、頷《うなづ》かざるを得ないことです。自覚せざるを得ないことです。

このような自覚というか覚醒といいますかね。これを親鸞さまは「往生極楽の道」といわれ「往生の信心」といわれたのですね。

このような自覚によって行者自身の『**善根**』が雑毒の善であり、それから実践される行が虚仮の行と暴露されるならば、『**回向して西方極楽世界に生ぜんと願**

求す』ることが、如何に人間を堕落させるものであるか、よく領解できることです。

宗教は人間生れながらに求めるものです。しかしながら宗教に何ものかを求めてはならない。宗教は稟性《ひんせい》（稟性＝生れつき、生れながらのもの）なるもの、しかし宗教を手段として、他に目的を持つに至ったとき、宗教は人間をして限りなく堕落させるものになる。まさに宗教は阿片となるのです。

この中・上の第三段での諸々の戒行は「教え」なのです。方便の教えなのです。親鸞さまが観無量寿経を指して「方便・真実の教を顕彰す（聖典三九二頁）」と押えられた所以です。つまり、この第四段の『**此の善根をもって回向して西方極楽世界に生ぜんと願求す**』とあるのも第三段の戒行と同じく『**無量寿佛の名を持《たも》て**（聖典一一七頁・観経「流通分《るづうぶん》」）』という経言へと誘引したまう方便の教えなのです。

『**此の善根**』の『**此の**』とは、第三段の諸々の戒行をさすことは容易に理解できるところです。それを第四段では『**此の善根をもって回向して**』といわれているのです。ところが、もはや三心釈で学びましたように、『**此の善根**』の正体が暴露され、自覚されたいま、それをもって**『回向して西方極楽世界に生ぜんと願求す』**ることが、たとえ道徳倫理においては批判される問題ではないにしろ、宗教においては根元的に批判されるものとして自覚されてくるのです。道徳や倫理では問題にならなかったものが、宗教ではもっとも根本的な問題として自覚されてくるのです。

『善根』といわれるように、世間でいわれる善の根の正体が**『善根』**といわれる経言によって領知されてくる、**『善根』**といわれないとそれを因として極楽往生を願うことが、いかに身勝手なことであるか、今までわからなかったわれらの根性が自覚されてくるのです。

このような自覚こそ善導さまをはじめ七高僧（竜樹《りゅうじゅ》・天親《てんじん》・曇鸞《どんらん》・道綽《どうしゃく》・善導《ぜんどう》・源信《げんしん》・源空《げんくう》）そして親鸞さまの論釈によるところです。いかに経典あれど論釈がなかったら、経典のみでは今までのわれらの認識を根元からくつがえすような感動は与えてくれなかったでありましょう。

経と緯

「経《きょう》といふは経《たて》なり。経《たて》よく緯《ぬき》を持《たも》ちて疋丈《ひつじょう》を成ずることを得て、その丈用《じょうゆう》あり（七祖三〇四頁）」とは善導さまの言葉です。経はたて糸、緯は横糸です。経と云われるたて糸は、緯《ぬき》といわれるよこ糸、つまり論・釈をもって、広く云えば時代社会の課題に応答することを通して布帛《ふはく》というか織物となって人々の使用する着物等になるのです。経は原理（法）であり緯は状況（歴史）であります。そして、その歴史とは正・像・末・滅の歴史であります。経典というたて糸は、論・釈において時代社会の苦悩というか問に答えていくものであります。経典というたて糸は、論・釈というよこ糸によって布帛となって民衆の生きる文化となってゆくものであります。その論・釈を教学と云ってきたのです。

この第三・第四段は経でありますから時代を越えた普遍の法です。それを受領する縁に出遇った中・上、すなわち「小乗根性の上善の凡夫」は、經言どおり第三段の諸戒を持《たも》ち、その善根をもって弥陀佛へ回向して浄土に生れんと願求するものであります。

しかし末法に生きるわれらにとっては、善導・親鸞両師が三心釈で教えられるように、この経言によって知らされるのは、おのれの『**善根**』たるや当に「雑毒《ぞうどく》の善《ぜん》」「虚仮《こけ》の行《ぎょう》」であり『**回向**』するに値《あた》いしないことが自覚されるに至るのです。

いや、正法・像法の時代を生きた竜樹さま（Nāgārjuna・ナーガールジュナ一五〇～二五〇年のこと）でさえ、難行道の修しがたきこと、「諸《もろもろ》の難行《なんぎょう》を行《ぎょう》ずること、久《ひさ》しくして、乃《すなわ》ち得《う》べし。或《ある》いは声聞《しょうもん》・辟支佛地《びゃくしぶっち》に堕《だ》す（諸久堕《しょくだ》の難《なん》・七祖三頁）」といい、さらに「佛法《ぶっぽう》に無量《むりょう》の門《もん》あり。世間《せけん》の道《どう》に難《なん》あり易《い》あり。陸道《ろくどう》の歩行《ぶぎょう》は則《すなは》ち苦《くる》しく、水道《すいどう》の乗船《じょうせん》は則《すなは》ち楽《たの》しきが如《ごと》し（乃至）信《しん》の方便《ほうべん》の易行《いぎょう》を以《も》って疾《はや》く阿惟越致《あゆいおっちく》（不退転の菩薩の位）に至《いた》る（七祖五～六頁）」といって「信方便の易行」である「恭敬心《くぎょうしん》を以《も》って執持《しゅうじ》して名号《みょうごう》を称《しょう》すべし（七祖六頁）」と易行道、称名をすすめてあるのです。

さらに像法の時代を生きられた中国は北魏の代の曇鸞さま（AD四七六～五五〇年）は、インドの天親さまの『浄土論』を『浄土論註』に釈されて「難行道《なんぎょうどう》とは、いはく、五濁《ごじょく》の世《よ》・無佛《むぶつ》の時《とき》において阿毘跋致《あびばっち》（阿惟越致のこと）を求《もと》むるを難《なん》となす（乃至）ただこれ自力《じりき》にして他方《たりき》の持《たも》つなし（乃至）易行道《いぎょうどう》とは、いはく、ただ信佛《しんぶつ》の因縁《いんねん》をもって浄土《じょうど》に生《しょう》ぜんと願《がん》ずれば、佛願力《ぶつがんりき》に乗《じょう》じて便《すなは》ち往生《おうじょう》を得《え》、佛力住持《ぶつりきじゅうじ》して、即《すなは》ち大乗正定《だいじょうしょうじょう》の聚《じゅ》に入《い》る。正定《しょうじょう》は即《すなは》ちこれ阿毘跋致《あびばっち》なり（七祖四七頁）」と申されています。

ながながと竜樹さまと曇鸞さまの文を引用しましたのは、正法の時代と像法（形像だけの佛法）の時代とのちがいです。竜樹さまにはなかった「五濁の世・無佛の時」が曇鸞さまの時代になると出てくるのですね。単に行者個人の行体《ぎょうたい》の障《しょう》碍《がい》でなくて、時代《じだい》の障碍《しょうがい》が出てくるのです。行体の難に加えるに時代社会の難としても現われてくる、云いかえれば障縁《しょうえん》の難《なん》となって来るのですね。

曇鸞さまの亡くなられて二十一年、道綽《どうしゃく》さまは西暦五六二年、北斉に生まれられました。佛陀釈尊が入滅されてから千五百十一年です。この末法の年は『教行信証・化土巻・聖典四一七頁』によるものであり、異説が種々あるのですが、この『教行信証』の説を採れば、道綽さまの誕生は末法に入りて十一年であります。『末法灯明記（最澄作、聖典四二〇～四二一頁）』によりますと「末法のなかにおいては、ただ言教のみありて行証なけん。もし戒法あらば破戒あるべし。すでに戒法なし、いづれの戒を破せんによりてか破戒あらんや。破戒なほなし、いかにいはんや持戒をや。ゆえに〝大集経《だいじつきょう》〟にいはく〈佛涅槃ののち無戒、州《くに》に満たん〉と」説かれています。末法においては、ただ言葉としての教えがあるだけで、行はもちろん戒すらない時代であって証《さとり》を得るものなどないのである。もし戒があればそれを破る人もでてくるであろうが、末法には戒すらないのだ。どんな戒を破ったというのであろう。破戒すらないのだ。いわんや持戒の人などいるはずがないのだ。〝大集経〟には、佛陀釈尊の入滅のあと国々には無戒のもので満たされるであろうと、言われているのだと。

ふりかえってみれば、中・上の第三・第四段の経言に会うことによって、末法に生きるわれらは、第三段の諸戒は行じがたく、善根などあるはずもなく、例えあっても回向するに値いしないことが自覚されてくるのは必然です。

思えば、その自覚をうながすために佛陀釈尊は第三段の諸戒行をすすめ、それを善根として如来に回向をすすめられたのであります。『**神通如意**（聖典一〇七頁）』、阿弥陀佛の神智通力は衆生の意の如く、衆生の意に添いつゝ、諸戒行の回向をすすめ、ついには如来の意の如く、ただ念佛ひとすじを与えたまうのです。

つい結論をだしてしまいましたが、如来の神智通力は、凡夫が中・上の縁に出遇った機類の意に応じて、その戒行が果遂しがたきことを知りつゝも、その凡夫の願いにまかせて、中上の諸戒をすすめ、それを善根となして回向せんことを教えられるのであります。

第五段

次の第五段にすすみましょう。

『①命終《いのちおわ》る時《とき》に臨《のぞ》みて、②阿弥陀佛《あみだぶつ》は、諸《もろもろ》の比丘《びく》・眷属《けんぞく》のために囲繞《いにょう》せられて、③金色《こんじき》の光《ひかり》を放《はな》ちてその人《ひと》の所《ところ》に至《いた》る。④苦《く》・空《くう》・無常《むじょう》・無我《むが》を演説《えんぜつ》し、出家《しゅっけ》の衆苦《しゅく》を離《はな》るることを得《う》ることを讃歎《さんだん》す。⑤行者《ぎょうじゃ》、見已《みおは》りて心《しん》、大《おお》きに歓喜《かんぎ》す。自《みずか》ら己身《こしん》を見《み》れば蓮華《れんげ》の台《うてな》に坐《ざ》せり。長跪合掌《じょうきがっしょう》して佛《ぶつ》の為《ため》に礼《らい》をなす。⑥未《いま》だ頭《こうべ》を挙《あ》げざる頃《あいだ》に即《すなは》ち極楽《ごくらく》の世界《せかい》に往生《おうじょう》することを得《え》て（聖典一一一頁）』

この第五段は「十一門」の第九門「命終《みょうじゅう》の時《とき》に臨《のぞ》みて、聖来《しょうき》たりて迎接《こうしょう》したまふ不同《ちがい》と、去事《こじ》の遅疾《おそい・はやい》（往生に要する時間）を明《あ》かす（七祖四八一頁）」と善導さまは解説され、それを六項にわけておられます。

命終る時に臨んで

まず第一項は『**命終る時に臨んで**』です。

善導さまの解説は「命延《みょうえん》久しからざることを明かす」と云われるだけです。危篤情況から臨終までの、どのあたりをいうのでしょうか。上・上をのぞいて、他の八品にはみな『**臨命終時**』『**命欲終時**』という経言があります。上・上にしても『**彼の国に生るる時**』という経言がありますから、上・上も他の八品と無関係ではないと読むのが自然にも思えます。

ただ、善導さまの「命延、久しからず」という表現には命終までのあいだに、いくらか時間があるようです。今日でいわれる臨終ではなくて危篤の情態もふくめての『**臨命終時**』なのでありましょう。

今日でも臨終を大事にする心情は、われわれの中にもありますね。「とうとう親の死にめにも会えなかった」と後悔がのこりますし、「なにしとったんか。親の死にめにも会わんで、この親不孝者が！」と非難されますね。

どうですかね、そんなところにも普通とちがって命終を大事にする習俗が今日でも綿々と、われわれの心の中にありますのは、佛教それも浄土門佛教が臨終の行儀を大事にしてきた伝統なのかも知れません。浄土真宗は例外といったほうがよいのですが…。

死んだ日を命日というのも興味ぶかいことをこえて、すごいです。これは命終った日なのでしょうか、命がはじまった日なのでしょうか。

私は昭和二年の生れですが、両親の命日は知っていますが、誕生日は知りません。たぶん私と同世代より以前の先輩たちも親の誕生日を知っている人は数すくないと思います。私なんか、戦前に誕生日を祝ってもらった記憶がありません。私は十人兄弟姉妹の六番め、男では三男坊です。下に二人の弟がいましたので男女それぞれ五人、あわせて十人です。大正十年生れの姉を頭に、昭和十年生れの妹、あいだに八人の兄弟姉妹です。みんなにたずねてみましたが、誰れも誕生日を祝ってもらった記憶はないという返事でした。お寺に生れたからなのかと、友人にたずねましたら、おなじように誕生日を祝ってもらった記憶はないとの返事でした。みなさん、いかゞですか。

家族で誕生日を祝いはじめた、家庭の行事として祝いはじめたのは、戦後も戦後、息子に嫁が来て孫が生れてからです。昭和六十年（一九八五年）ころからです。

私は大谷派の寺生れでしたが、親鸞さまの誕生日も知りませんでした。宗祖《しゅうそ》降誕会《ごうたんえ》（五月二十一日）という行事があるのを知ったのは今の寺に入ってからです。釈尊の誕生を祝う「はなまつり（四月八日）」は知っていましたが、これとて特殊な例であって、実父（私が生れた寺の住職）が熱心に日曜学校をやっていまして、夏期結集（夏休みに一週間ほど寺に宿泊して正信偈をおぼえたり、写経をしたり、讃佛歌を歌ったりする集い）とともに「はなまつり」は年間の二大行事でしたから。

人口五千人ほどの小さな町、小学校の生徒は五百人ほど、毎週日曜日には三百人ほどの子供たちが日曜学校に来ていました。四月八日には張り子の白象に誕生佛を乗せて町中を行進したものでした。今から想えば、町には大谷派の寺が四ヶ寺、浄土宗が一ヶ寺などありましたが、はなまつりをやっているのは実家の寺だけでした。

あとで、わかったことですが、佛教の日曜学校が始まったのはキリスト教の禁制が解かれて（一八七三年）教会が各地に建ちはじめ、三年後には官公庁など日曜休日・土曜半休が実施されるのとあいまって日曜礼拝・日曜学校の行事が盛んになることに対する危機感からだと考えます。もともと「はなまつり」は佛生《ぶっしょう》会《え》といわれて古くからあったもののようですが明治の終りごろから大正・昭和初期にかけて盛んになったようです。戦後は敗戦の疲弊《ひへい》もあって「はなまつり」は寺院が経営する幼稚園や保育所、佛教各宗派が経営する学校等の行事のひとつとして、また佛教各宗派の連合体である全国日本佛教会とその下部組織である県・

市・郡・町・村の佛教会で細々の命脈を保っている程度です。

それにしても大谷派から本願寺派の寺に入って驚いたのは、まわりに「はなまつり」をやっている寺がまったくなかったこと、そして親鸞さまの誕生日には「宗祖降誕会」として、ほとんどの本派の寺が何らかの形で集会を持っていることでした。

『臨命終時』から命日の話になり、命日の反対である誕生の話になってしまったのですが、生死観で「生」に支点をおいたのが欧米の生死観であり「死」に支点をおいたのが東洋のそれではなかったかと思っています。いつぞやもふれたと思いますが、「誕」という文字ひとつとっても、それには「あざむく」「うそ」「いつわる」という意味が主であって「生れる」という意味は従の位置にしかないものです。

堀田善衛《ほったよしえ》に『インドで考えたこと』という著作があります。その書の最末尾は彼のモノローグで終っているのですが、次のように云っています。

「その歩み（西洋と東洋との比較）がのろかろうがなんだろうが、アジアは生きたい、生きたい、と叫んでいるのだ。西欧は、死にたくない、死にたくない、と云っている。（岩波新書二一〇頁）」と。考えさせられますね。

それにしても天皇や皇后の誕生だけは知っています。三月六日は昭和天皇の皇后、四月二十九日は昭和天皇、十一月三日は明治天皇の誕生日。悲しい記憶です。自分の親の誕生日も知らないのに…。

来迎

第五段の第二項の善導さまの解説は「弥陀《みだ》、比丘衆《びくしゅ》と来《き》たりて菩薩《ぼさつ》あることなきを明《あ》かす（七祖四八二頁）」と。これは『**阿弥陀佛《あみだぶつ》、諸《もろもろ》の比丘《びく》・眷属《けんぞく》の与《ため》に囲繞《いにょう》せられ**』という経文に対する解説です。理由は「これ小乗《しょうじょう》の根性《こんじょう》なるによりて、また小根《しょうこん》の衆《しゅう》を感《かん》ぜり（仝上頁）」と云われています。上三品は『**阿弥陀如来・**

観世音・大勢至』をはじめとして、上・上は『**無数の化佛・百千の比丘・声聞大衆・無数の諸天・七宝宮殿**』であり、上・中は弥陀三尊に加えて『**無量の大衆眷属**』であり、上・下もまた三尊に加えるに『**諸の眷属…五百の化佛**』でした。

脇士である観音・勢至の二菩薩の姿がないことが、上三品の大乗の縁に合った凡夫との決定的なちがいですね。中・上は小乗根性の凡夫でありますから、来迎したまう阿弥陀佛をかこむのは小乗根性の衆である『**諸の比丘眷属**』です。善導さまが「迎接《こうしょう》せる聖《ひじり》の不同《ちがい》を明《あ》かす（七祖四八一頁）」と申されるわけです。

私にとっては、上三品より中・上くらいのほうがありがたいですね。過去数十年来、ご指導ご叱声たまわった僧分の先輩方がお迎えくださる、これは嬉しいですわ。もちろん僧分ではなくても、ご門徒の方々、だまって私の下手な説教を聞いてくださった、ときには生きるのはつらいと愚痴をはいてくださった老若男女の人々、名をあげれば切りがないくらいに次々とそのお姿を想いだすことができますからね。もしかしたら親鸞さまや蓮如さまにも会えるかも知れないではないですか。善導さまにも筆談ぐらいは通じるかも知れません。そしたら少々皮肉のひとつやふたつは云ってみたいです。『眷属』だったら九歳のとき別れた父も居るでしょうし、十三年前にこの世を去った母も居ましょう。三年前に逝った兄も居ましょう。うんと甘えたいですよ。

もちろん、ふりかえってみれば、到底中・上の機類に価しないことぐらいわかっていますから会えないでしょうがね。

苦・集・滅・道

第五段の第三・四項に移りましょう。

『③**金色**《こんじき》**の光**《ひかり》**を放**《はな》**ちて、其**《そ》**の人**《ひと》**の所**《ところ》**に至**《いた》**る。④苦**《く》**・空**《くう》**・無常**《むじょう》**・無我**《むが》**を演説**《えんぜつ》**し、出家**《しゅっけ》**の衆苦**《しゅく》**を離**《はな》**るるを得**《う》**ることを讃歎**《さんだん》**す。**（聖典一一一頁）』

この『苦・空・無常・無我の声を演説す（九四頁）』は水想観にもありましたし、

おなじく『苦・空・無常・無我・諸波羅蜜を演説す（聖典九七頁）』と宝池観にもあったわけです。

そこでも学んだと思いますが『苦』は四苦八苦、または三苦で代表されるのですが、dukkha（サンスクリット語）で、思いどおりにならないことを意味するものです。

苦を本当に領知することは苦聖諦といわれるように、苦の正しい認識は聖なる諦（さとり）です。

『空』は「一切皆空」といわれるように、この世の一切の事物は因縁果の道理によって生じたものであって、固定的な実体などないということ。Śūnya（サンスクリット語）で「うつろ」と訳されています。インド数学では○（ゼロ）を意味します。『空』は固定的な実体のないことを因縁果の側面からとらえたものですから「縁起」と同じことをさしているものと考えます。

たとえば五蘊盛苦《ごうんじょうく》という五蘊は色（身体）受（感受性）想（表象）行（意志）

識（意）を意味し、この五蘊（要素?・）が因縁によって仮《かり》に和合したのが「我れ」であって、その和合する因縁がなくなれば「我れ」と固執するものは何も無いのです。よって諸行は『**無常**』であり、諸法（存在）は『**無我**』であります。『**苦**』を感じ『**我**』に執着するのも『**無常**』を歎くのも、そのもとは『**空**』についての無知にあるのです。

『**苦**』については大般涅槃経にくわしいので引用しておきます。

『また次に迦葉（佛弟子の名）聖行あり。いわゆる四聖諦なり。苦・集・滅・道（苦聖諦・苦集聖諦・苦集滅聖諦・苦集滅道聖諦）なり。苦とは逼迫の相、集とは能生長の相（苦の因である貪・瞋・痴の集った煩悩が苦の結果をまねく。集が因で苦が果）。滅とは寂滅（涅槃・さとり）の相、道とは大乗（さとりに至る道程・八正道）の相なり（道が因で滅が果）。

また次に、苦とは現相（現在、果としてある相）、集とは転相（現在に転移させた因として迷妄の相）、滅とは除相（果として迷妄が除かれた相）、道とは能除相（迷妄を除くことができる因としての八種の求道の相）なり。

また次に、苦とは三相あり。苦苦《くく》相（精神的・肉体的苦痛）壊苦《えく》相（壊《こわ》れてゆくであろう苦・不安・老病を知っている苦）行苦相（すべてが失われる苦悩。死苦）なり。

集とは二十五有《う》（衆生が流転輪廻する生死の世界を二十五種に分けたもの。有とは現実生存を意味する）なり。滅とは二十五有を滅す。道とは戒・定慧を修す。また次に有漏法に因果あり。無漏法に因果あり。有漏の果とは則ち名づけて苦となし、因を名づけて集となす。無漏の果は則ち名づけて滅となし、因を名づけて道となす。

また次に八相を苦と名づく。いわゆる生苦・老苦・病苦・死苦・愛別離苦・怨憎会苦、求不得苦・五陰盛苦（五蘊盛苦）なり。

かくのごときの八苦法を生ずるもの、これを名づけて集となす。かくのごときの八苦あることなきのところ、これを名づけて滅となす。十力（佛に特有の十種の智力。①因と果の関係を如実に知る。②道理にそむかぬを知る。③禅定を知る。④衆生の機根の上下を知る。⑤衆生の心を知る。衆生や諸法の本性を知る。⑦衆生の未来（地獄か涅槃か）を知る。⑧自他の過去世を知る。⑨衆生が生れる世界を知る。⑩涅槃とそれに至る道を知る、の十種を知る智力）・四無所畏（佛の説法におけるゆるぎなき四種の自信）・三念処（三種の平静な心に安住すること。①衆生が佛を信じても、②信じなくても、③またある人は信じある人は信じなくても、喜んだり悩んだりしない正念正知に安住すること）・大悲、これを名づけて道となす（国訳大蔵経第八巻三五三～三五四頁）』と。

出家

中・上の第五段の第四項は、続けて『**出家《しゅっけ》の衆苦《しゅく》を離《はな》るることを得《う》ることを讃《さん》歎《だん》す**』とあります。

このところを善導さまは「また出家《しゅっけ》は多衆《たしゅ》の苦《く》、種々《しゅじゅ》の俗縁《ぞくえん》・家業《けごう》・王官《おうかん》・長征《じょうしょう》・遠防等《おんぼうとう》を離《はな》るることを讃《さん》ずることを明《あ》かす。〝なんじいま出家《しゅけ》して四輩《はい》（人・天・竜・鬼）に仰《あお》がれ、万事憂《ばんじうれ》へず。迥然《ぎょうねん》（俗事からはるかに遠ざかっていること）として自在《じざい》にして、去住障《こじゅうさわ》りなし。これがために道業《どうごう》（佛道修業）を修《しゅ》することを得《う》〟と。この故《ゆゑ》に讃《さん》じて『**衆苦《しゅく》を離《はな》る**』とのたまふ（七祖四八一～四八三頁）」と。

まったくそのとおりです。「長征・遠防」とは武人として遠くへ出征したり、防人《さきもり》として命をおとすこともないのです。万葉集などにも、これに類する別離の悲しみを歌った短歌がたくさんありますね。

中国の四世紀に出た陶淵明《とうえんめい》にも有名な「帰去来」の詩がありました。若いころ一時任官したこともあったようですが、生涯を田園詩人として酒を友として生涯を終えた人でした。以前、申したこともあったと思いますが、ただ貧しかったために、生きているうちに酒が存分に飲めなかったこと、それだけが心残りだったと、挽歌の詩のなかで云っています。

ただ恨むらくは　世に在りし時に
酒を飲むこと　足るを得ざりしを、と。

彼は出家ではありませんが、隠遁者として有名です。彼の故郷が廬山《ろざん》の近くでしたので有名な慧遠《えおん》の白蓮社《びゃくれんしゃ》があり、酒を飲んでもよいという条件をとりつけて入社し仏教を学んだこともあったようですが、すぐに退社しています。

ひるがえって、わが教団は戦後、門主が生前に住職を退職されたこともあってか、末寺でも六十歳後半から七十歳くらいまでに住職の座を後継者にゆずることが定着しつつあるようです。私も五年ほど前に退職しまして、随分楽になりましたものの**『出家して衆苦を離るることを得』**など、とても出来ることではなく、「道業を修することを得」など口が裂けても云えることではありません。道業ならぬ道楽として下手な俳句にうつつをぬかしている仕末であります。

第二講

已《すで》に華台に坐す

第五段の第五項に移ります。まず経文は、**『行者見已《ぎょうじゃみをは》りて、心大《こころおおい》に歓喜《かんぎ》す。自《みづか》ら己《おの》が身《み》を見《み》れば、蓮華《れんげ》の台《うてな》に坐《ざ》せり。長跪合掌《じょうきがっしょう》して、佛《ぶつ》の爲《ため》に礼《らい》を作《な》す**（聖典一一一頁）』です。善導さまは、これを解説されて

「行者、既《すで》に見聞《けんもん》し已《をは》りて欣喜《ごんき》に勝《た》へず。即《すなは》ち自《みづか》ら身《み》を見《み》れば、已《すで》に華台《けだい》に坐《ざ》し、頭《こうべ》を低《た》れて佛《ぶつ》を礼《らい》することを明《あ》かす（七祖四八三頁）」と云われています。

ここで注目すべきは、すでに華台に坐っている自分を見たというところです。経文も『**自ら己が身を見れば蓮華の台に坐せり**』です。善導さまは解説のところで、さらに「既に」という文言を加えられて念を押してあるのです。

このことは今まで学んできました上・上にも『**自《みづか》ら其《そ》の身《み》を見《み》れば金剛《こんごう》の台《うてな》**

に**乗《じょう》ぜり**』ですし、上・中も『**行者《ぎょうじゃ》、自《みづか》ら見《み》れば紫金《しこん》の台《うてな》に坐《ざ》せり**』でしたし、上・下も『**即《すなは》ち自《みづか》ら身《み》を見《み》れば金《こがね》の蓮華《れんげ》に坐《ざ》せり**』でした。まだ学んでいませんが、中・中でも『**行者《ぎょうじゃ》自《みづか》ら見《み》れば蓮華《れんげ》の上《うえ》に坐《ざ》せり**（聖典一一二頁）』なのです。言いかえれば、如来の大悲に乗じていたという真の自己のめざめです。『**乗ぜり**』とか『**坐せり**』とは自覚をあらわしている文言です。

以前に真佛観を学びましたとき『**一々《いちいち》の光明《こうみょう》は遍《あまね》く十方世界《じっぽうせかい》を照《て》らす。**（聖典では〝照らし〟となっている）**念佛《ねんぶつ》の衆生《しゅじょう》を攝取《せっしゅ》して捨《す》てたまはず**（聖典一〇二頁）』とありました。その前半の経文である『**一々光明　遍照十方世界**』は佛の身、光をあらわし、後半の経文である『**念佛衆生、攝取不捨**』は佛の心光をあらわしていることを学びました。そして経文はそのあと『**佛身《ぶっしん》を観《かん》ずるをもっての故《ゆゑ》にまた佛心《ぶっしん》を見《み》る。佛心《ぶっしん》とは大慈悲《だいじひ》これなり**』と説かれています。

つまり佛身は平等にわれら衆生をもれることなく照らしつゞけておられるのです。「われまたかの摂取の中にあれども、煩悩（は）眼を障へて見たてまつらずといへども、大悲倦《ものう》きことなくして常に我を照らしたまふ（聖典二〇七頁）」と『正信偈』の中にあるとおりです。

「我亦在彼摂取中、煩悩障眼難不見、大悲無倦常照我」ですね。

われらが自覚・無自覚にかかわらず佛の光は常に我れを照らしていてくださっている、その佛の光を佛身光という。蓮如さまはこの「常照我」の事実を「宿善」と教えてくださっています。ところが、まさに「遇《たまたま》、行信（念佛の信心）を獲《え》ば、遠く宿縁を慶《よろこ》べ（聖典一三二頁）」と親鸞さまは申されるのです。この親鸞さまの言葉は、自分が佛身光の中に摂《おさ》め取られていながらも、さらに自分の煩悩ふかきがゆえにそれが障害となって見ようともしなかった、にもかかわらず、久遠の昔から飽《あ》きることなく倦《あ》くことなく瞬時も休むことなく照らしくだされていたのだった。まさに遠き宿縁あればこそ、佛身光の中にこもっている佛心光をいただくことができたのだという告白です。「遠く宿縁（＝宿善）を慶べ」と。

観経は続いて『**仏心《ぶっしん》とは大慈悲《だいじひ》これなり。無縁《むえん》の慈《じ》をもって諸《もろもろ》の衆生《しゅじょう》を摂《せっ》す**』

と。

『**無縁の慈（悲）**』とは、もはや学びましたように「無有出離之縁」＝出離の縁あること無し」を内容としている慈悲ですね。これは善導さまの、有名な「機の深信（七祖四五七頁）」にある言葉でした。意訳すれば「助かる縁は無い」という善導さま自身の告白です。曽我量深師は、この「無」と「縁」をとりあげて如来の慈悲の内容とされたのです。善導が助からねば如来も助からぬという慈悲だと。如来とは衆生と運命を共にする慈悲を内容とするものだと。歎異抄で親鸞さまが「念佛して地獄におちたりとも、さらに（決して）後悔すべからず候（聖典八三二頁）」と申されるはずですよ。

話題が逸《そ》れていますが、親鸞さまが申されている信心とは、絶対的な常一主宰の実体をたてて、それに依存する態の、いわゆる信仰ではありません。彼は「浄信」「真心」「一心」「大信」「捷径《せつけい》」「真因」「白道」「信海」「本願力」「信楽」等々、いろんな表現をしていますが、私見をもって云えば「めざめ」「覚醒」「自覚」です。

faith ではなくて awoke です。信心とは信仰ではなくて覚醒である。そう云い切ってよいと思います。

宿善の機、無きにおいては

『自ら己身を見れば』「すでに華台に坐し頭を低れて佛を礼することを明かす」といわれるように「すでに華座に坐し」ていることの覚醒がなかったら「頭を低れて佛を礼すること」があるはずもないです。蓮如さまは、この覚醒を「宿善の開発（聖典一〇八八頁）」と申され、また「不思議の宿縁にあひまゐらせて（聖典一〇九四頁）」また「宿善の機ありて他力の信心といふことをばいますでに得たり（聖典一一二九頁）」などと『御文章』の中でたびたび申されています。

だから、もはや学んだところですが『歎異抄』末尾の蓮如さまの奥書は「無宿善の機においては（聖典八五六頁）」と読むのはまずいですね。「宿善の機、無きにおいては」と読むべきです。野間宏も『歎異抄（筑摩書房）二一四頁）』の中で、そう読んでいます。

このことは、二種深信（七祖四五七頁）の第二・法の深信を学びましたところでも注意して読まねばならないものです。聖典には「二には決定して深く、彼の阿弥陀佛の、四十八願は衆生を摂受したまふこと、疑《うたがい》なく慮《おもんぱか》りなく、彼の願力に乗じて、定めて往生を得と信ず」とあります。このような読み方でよいのかという問題です。私は次のように読みます。

「二には決定して彼の阿弥陀佛の四十八願は衆生を摂受したまふこと、疑なく慮りなく彼の願力に乗ぜしめて、定めて往生を得と深信す」と。次のように読んでもいいでしょう。

「～疑なく慮りなく乗彼願力、定めて得生を得と深信す」と、こう読んでも同じです。

このように読むことが経典の『**自ら己身を見れば蓮華台に坐せり**』に、もっとも素直な読み方だと思うのです。行者が深信するのは既に彼の願力（経文で云えば本願の成就態である蓮華台ですね）に乗ぜしめられていることのめざめです。行者自身の自己確認です。

清沢満之の言葉を使えば「絶対無限の妙用に乗托して…現前の境遇に落在せるもの、すなわちこれなり」です。「これ」とは「自己」のことですね。この文は「自己」とは何ぞや」という問への答ですから（清沢文集・一八五頁・岩波文庫）。

自己とは何ぞやという問に先だって、『**自ら己身を見れば**』「絶対無限の妙用」の象徴である『**蓮華台に坐**』し「乗托して…現前の境遇に落在」している自己を発見したのですね。

本来の自己、それは臨終を待つまでもなく、只今現在「絶対無限の妙用に乗托して任運に法爾に現前の境遇に落在せるもの」こそが本来の自己であったことのめざめですね。経文では『**蓮華台に坐せ**』るものこそ、臨終・平常を貫いて本当の自己であったという覚醒です。それまで自己・自己と思っていたのは単なる自我にすぎなかったのです。八木重吉がいう「心」にすぎなかったのです。

『心よ』　八木　重吉

こころよ
では　いっておいで

しかし
また　もどっておいでね

やっぱり
ここが　いいのだに

こころよ

では　行っておいで

（日本の詩一七・一五頁）

「ここ」が自己、「心」が自我といえばどうでしょう。自我を「心」というなら自己は「身」と云うことができましょう。

自我はまだ大丈夫と思っている、臨終なんて先の話。自己は常に臨終です。常臨終であります。

「来迎は諸行往生（種々の善根を修めて、その功徳を因として浄土に生れんとすること）にあり、自力の行者なるが故に。臨終といふことは諸行往生の人にいふべし、いまだ真実の信心を得ざるが故なら。…真実信心の行人は摂取不捨の故に正定聚の位に住す。この故に臨終待つことなし、来迎たのむことなし（聖典七三五頁）」と親鸞さまは云います。

『自ら己身を見れば蓮華の台に坐せり』、もはや坐していた自己のめざめです。

「自己とは何ぞや。…自己とは他なし…即ち是なり（清沢文集・仐頁）」と。この事実こそ、親鸞さまが申される「信心」、他力廻向の信心なのであります。

上・上は『**金剛台**』、上・中は『**紫金台**』上・下は『**金蓮華**』、中・上は『**蓮華台**』それらのちがいは、機の堪・不堪による、つまり縁のちがいによる、受法の不同によるものであって凡夫であることにちがいはないのです。

『即《すなは》ち』と『尋《すなは》ち』と

第五段の第六項の経文に移りますが、

『**未《いま》だ頭《こうべ》を挙《あ》げざる頃《あいだ》に即《すなは》ち極楽世界《ごくらくせかい》に往生《おうじょう》することを得《え》て**』とあります。

善導さまは「行者、頭を低《た》るること此《ここ》に在《あ》りて、頭を挙げ已《をは》れば彼の国に在ることを明かす（七祖四八三頁）」と解説されています。五体投地したのでしょう。そしてまだ頭をあげないあいだに『**即ち**』ですね。「即」は同時を意味する「すなわち」

です。同時に極楽世界に生れたのです。

第六段にすすみましょう。

『**蓮華**《れんげ》**・尋**《すなは》**ち開**《ひら》**く**』です。たったこれだけです。漢文ではたった四文字『**蓮華尋開**』です。これだけで一段を設けてあります。

そして、これは「十一門」では、第十門にあたるところです。表を見ていただきますと「まさしく第十門の中の、かしこ（浄土）に到りて華開く遅疾《ちしつ》（おそい、はやい）の不同《ふどう》（ちがい）を明かす（七祖四八三頁）」ところです。ここは、説明の必要もないところですが、ここの『**すなはち**（聖典一一一頁）』は『尋ち』に改訂してもらいたいです。

「尋」は「たずねる」「あたためる」などのほかに「次《つ》いで、まもなく、やがて」の意味があります。一尋《ひとひろ》といえば左右の両手広げた長さの意味があるように、ひい、い、らかなでは即・則・便・輒《ちょう》・乃・尋であるかどうか、わからないです。ここの『**すなはち**』は即時ではなくて原文は『**尋**』ですから、『**未だ頭を挙げざる頃に即ち**

 『即《すなは》ち』と『尋《すなは》ち』と

極楽世界に往生を得』とは言っても、『**蓮華、尋ち開く**』には、少し時間がかかるのですね。

その故に蓬次祖運師はこのことについて「大乗的思考法では〝即〟ではあるが、普通の考え方では〝即〟はわからない。甲がすんだら乙、乙がすんだら丙というのが普通の考え方である。だから浄土に生れてから、それから蓮華が開くという意味である。そういう人間の考えている世界を、もっと高い境地からあれこれ言ってはみな失敗するわけである。即時などというが、それがわかるよりも、わからないというのが現実的である。わかるのは観念的なのである。こういう区別を持たねばならない。これが終ったら次というような考え方に立つ方が健康的である。そしてもしそれがより高次の立場からわかるなら、むしろそうした平凡な次元に通じなければならないはずである。何が通じるかと言えば蓮華が通じる。『**蓮華、尋ち開く**』（観無量寿経講話三八四頁）」なんだと。まあ、みごとな解説ですね。だから、やはり聖典の『**すなはち**』は『**尋ち**』でなくてはならないのです。

そういえば、「前念命終・後念即生」で思いだしましたが、この前念と後念について親鸞さまの「本願を信受するは前念命終なり。即得往生は後念即生なり（聖典五〇九頁）」について、曽我量深師は、この前念と後念は一念であって、時間の前後はない、順序次第に前後があるのだと説かれていました。命終するのと即生するのは同時だが、だからといって順序次第で申せば死んで生れるのであって生れて死ぬのではない、起ちあがるには倒れるということがあらねばならない道理です。

そして生れた言葉が「信に死して願に生きよ」という師の有名なフレーズでした。さらには「往生は心にあり、成佛は身にあり」という師言だったのですね。まあ、蓬次師のことばは、より私共の学びの貧しさに添って申されたことでありましょう。

この第六段では「即」ではなくて「尋」でありますから、訳者である畺良耶《きょうりょうや》舎《しゃ》もこの経典が凡夫のために説かれた佛陀釈尊の志願を考えて「尋」と翻訳したのでありましょう。時間を空間に変えていえば一尋《ひとひろ》（訳五～六尺）のあいだというのでしょう。まあ、それのほうが現実的なのですね。

四諦

第七段にまいります。

『華《はな》の敷《ひら》くる時《とき》に当《あた》りて、衆《もろもろ》の音声《おんじょう》を聞《き》くに四諦《したい》を讃歎《さんだん》す。時《とき》に応《おう》じて即《すなは》ち阿羅漢道《あらかんどう》を得《う》。三明《さんみょう》・六通《ろくつう》ありて八解脱《はちげだつ》を具《ぐ》す』

この段には難解な経言が出てきますので、まずはその経言を解説しておきます。

『四諦』。これは前の『**苦《く》・空《くう》・無常《むじょう》・無我《むが》を演説《えんぜつ》し、出家《しゅっけ》の衆苦《しゅく》を離《はな》るるを得《う》ることを讃歎《さんだん》す**（聖典一一一頁）』のところでも学びましたように「四聖諦」のことです。四つの聖なる真理・さとりを意味する経言です。佛教で説かれる四つの真理です。第一が苦（聖）諦、第二が（苦）集（聖）諦、第三が（苦集）滅（聖）

諦、第四が（苦集滅）道（聖）諦です。略して第一が苦諦、第二が集諦、第三が滅諦、第四が道諦です。

第一の苦諦は一切は皆苦であるという真理の認識です。この世は思うどおりにならないという真理・さとりですね。どうして苦であるか、それは無限に求めてやまない執着が原因です。貪欲・瞋恚・愚痴。つまり自我中心性、それが集って苦を招く。

第二の集諦は、苦の結果を招くのは自我に執らわれる、云いかえるなら自分の思いどおりになりたいという我執であると認識する真理・さとりです。ですから第二の集諦が因で苦諦という真理・さとりを得るのです。このように集諦が因で苦諦は果です。

おなじように、第四苦集滅道聖諦が因で、第三苦集滅聖諦、つまりこの世の愛執の絶滅が苦を滅した境地、すなわち涅槃のさとり。涅槃寂滅・涅槃寂静のさとり。このような証果を得る道が第四の苦集滅道聖諦であらわされますので、第四が因で第三は果という関係です。

その第四の道諦は八正道であらわされます。①正見②正思惟③正語④正業⑤正命⑥正精進⑦正念⑧正定。『仏教語大辞典ー中村元』によりますと①正しく四諦の道理を見る、正しい見解。②正しく四諦の道理を思惟する。③正しい語を使う。④正しい行動をする。正しい行為。⑤身口意の三業を清浄にして正しい理法にしたがって生活する。⑥道に努め励む。⑦正道を憶念して邪念のないこと。⑧迷いのない清浄なさとりの境地に入ること。

「八聖道」と同じ意味です。すべてに「正しい」という言葉がついていますが、その「正しい」ということがわからないですね。何をもって正しいとするか、これではわかりません。いろいろと考えてみるのですが、やはり『四諦』との関係で領知すべきだと思います。

「苦」は思いどおりにならないということ、その原因は「集」にある。限りない自我執着にある。そのために思い悩んで一刹那も安静が得られない。佛陀釈尊は、その安静を涅槃という精神統一に求められた、つまり涅槃寂静ですね。その境地は決して苦から逃避するのではない、苦は人間存在そのものが抱えこんでいる根本的矛盾です。そのことに徹底して覚醒するところにひらけてくる境地です。その道すじが八正道としてあらわされているのでしょう。

正見。それは人生が矛盾的存在、つまり苦であることを、ごまかさず見ること。

正思惟。それは現在を見るばかりでなく、過去を追想し、現在は過去の結果であることを確認するとともに、現在はまた未来に深い陰を落とすものであることを思惟すること。

正語。第一の正見も第二の正思惟も、それが言語化されることで、正見も正思惟も真実の普遍性が付与されるものです。如是なる言葉は必ず我れ聞（我聞）くところに成立するものです。

正業。正語そのものが口業ですね。観経では『**なんぢ、よくこの語《ご》を持《たも》て…即《すなは》ち是《こ》れ無量寿佛《むりょうじゅぶつ》の名《みな》を持《たも》てとなり**（聖典一一七頁）』です。善導さまは称名を「正定の業（七祖四六三頁）」といわれます。

正命。生活にまで具体化する。称名は無量なる命に乗托していることを証《あか》す生活です。

正精進。人生を一期一会といただく。

正念。無縁の慈悲に慚愧し憶念してゆく。

正定。涅槃寂静の境地に定まる。「往生極楽の道（聖典八三二頁）」に入る。親鸞さまは「正定聚に入る（聖典二五一頁）」と申されます。

阿羅漢道

次に『阿羅漢道』arkan の音写です。応供とか、修行完成者を意味します。尊敬さるべき人。供養を受けるに値いする人。

小乗における最上の聖者で、「無学」とか「不生」などと訳されています。

小乗の聖者を四段階にわけ『**阿羅漢道**』は最上位のさとりです。『**道**』はさとりを意味しますので阿羅漢位とか阿羅漢果とも云います。

第一のさとりを須陀洹果《しゅだおんか》と音写し、意欲して預流果《よるか》といいます。聖者としての流れに預《あず》かった最初の境地で初果ともいわれます。

第二のさとりを斯陀含果《しだごんか》と音写し、意訳して一来果《いちらいか》といいます。九種の煩悩のうち六種を滅ぼしおわったものの得る段階で、この位の者は一度天界に生れ、再び人間界でさとりを得るので一来果といわれています。このようにして涅槃に入るのです。

第三のさとりを阿那含果《あなごんか》と音写し、意訳して不還果《ふげんか》といいます。ビンバシャラ王が得たさとりが、これでしたね。序分にありました。

『**(王《おう》の心《こころ》は)自然《じねん》に増進《ぞうしん》して阿那含《あなごん》と成《な》る**(聖典九一頁)』とありました。このさとりは、もはや決して欲望うずまくこの世界に生れ変っては来ないというさとりですから不還果《ふげんか》といわれるわけです。

第四が小乗のさとりの最高位です。無学果《むがくか》という意訳は、三界の一切の煩悩を断じつくし修行満足して、もはや学ぶことの無いさとりの意味です。小乗では佛の異名です。

三明・六通

次に『三明《さんみょう》・六通《ろくつう》』です。ともに六神智通力のことで、六種の神智通力のうち宿命智通力・天眼智通力・漏尽智通力の三種を『三明』といい、あとの天耳智通力・他心智通力・神足智通力を加えて『六通』です。

この六通智通力については、大無量寿経の四十八願の中の第五から第十にわたって誓われている六願が、六神通の願であります。

普通、神通力と言っていますが、正確には神智通力です。神は「すぐれた」という意味。智通力は智慧が持っている力です。

まず『三明』は、大経四十八願の第五・第六・第十願に誓われている神智力の願です。

第五願は『**たとひ我《わ》れ**（法蔵菩薩）、**佛《ぶつ》を得《え》たらんに、国中《こくちゅう》の人《にん》・天《でん》、宿命《しゅくみょう》**（過去に宿してきた命のありよう）**を識《さと》らずして、下《しも》、百千億那由他《ひゃくせんおくなゆた》の諸劫《しょこう》の事《じ》**（無限の時間にわたる事柄の事実）**を知《し》らざるに至《いた》らば、正覚《しょうがく》を取《と》らじ**（正しい覚《さと》りを取りません）聖典一六頁』

意訳すれば、法蔵菩薩が誓っていうには、「もしも私が阿弥陀佛になるとき、国内の人々が宿命通を得ず、かぎりない過去世のことまで知りつくすことができぬようなら、私は決して覚りを開きません、阿弥陀佛になりません（意訳三部経二一頁）」となりましょう。

これは四十八願のうちの第五願ですが、このようにして四十八種の願を発《おこ》してから、またかぎりない思惟・考察と修行を経て、すべての願を成就・完成するのです。その成就した経文は大経の下巻にあります。

『神通自在《じんずうじざい》にしてつねに宿命《しゅくみょう》（自他の過去世の生存情態）**を識《さと》る。**（しかし私＝釈尊がこの娑婆世界に出てきて衆生済度を実践しているように、求道者の希望によっては）**他方《たほう》の五濁悪世《ごじょくあくせ》に生《しょう》じて示現《じげん》して彼《かしこ》に同《どう》ずること**（この娑婆世界の他の五濁悪世に行って、そこの衆生とおなじ姿を現わすこと）**わが国《くに》のごとくなるをば除《のぞ》く**（この娑婆世界で私＝釈尊が実践していると同じことをやっている求道者は別である）聖典四八頁』と。

ちょっと理解しがたい訳文になってしまいましたが、第五願である宿命智通の願が、本願成就の名号・南無阿弥陀佛となって、回向されているかぎり、「念佛申さんとおもひたつこころのおこるとき（聖典八三一頁）」われらは**『神通自在にしてつねに宿命を識る』**身となるのです。しかしながら佛陀釈尊が、われら人間世界に出てこられて南無阿弥陀佛の名号をすすめられ、われらが念佛申す身となったならば、そこで安堵してしまうことなく、他の五濁の世界に苦しむ衆生と同じ姿となって、ちょうど佛陀釈尊とおなじように南無阿弥陀佛の名号を、それらの衆生にすすめることとは、その人の願いによることとであって、選択《せんたく》の自由は保証されるのだということとです。

『除く』

『除く』という経言は意訳するのに難渋な言葉です。しかしながら四十八願には、この『除く』という文言だけでも第十五願、第十八願・第二十二願に出てきます。特に第十八願の『**唯《ただ》、五逆《ぎゃく》と正法《しょうぼう》を誹謗《ひほう》するとをば除《のぞ》く**（聖典一八頁）』という経文、漢文にすれば八文字だけに親鸞さまは『教行信証』の信巻末を著述されたほどに重要な経言です。

第十五願も第二十二願も、『除く』と言われるのは、選択の自由の保証という意味が底意にあるのではないですか。第十五願は浄土の人々の寿命無量を誓われながらも、寿命の長短については選択の自由を保証されています。修（＝長）短は自在にしようと申されるのです、それを『**その本願《ほんがん》の修短自在《しゅうたんじざい》ならんをば除《のぞ》く**（聖典一七～一八頁）』と。なにはともあれ健康第一だと健康食品ブームですが、寿命を無限に長くしてあげようといわれたら果たして喜べるかどうか、寿命無量を保証されても、それを喜ぶだけの才量を持っているかどうか、もてあましてしまうのが落ちではないか、そんな強靭な精神は持ちあわせてはいないのではないか、のこるのは倦怠だけだと思います。つまり、浄土の眷属の寿命は無限に与えようと申されながらも、その長短については自在に選択してもよいという除外があるから無限に耐えることもできるのです。

また、第二十二願は「還相回向の願」と名づけられるのですが『**その本願《ほんがん》の自《じ》在《ざい》の所化《しょけ》、衆生《しゅじょう》のためのゆゑに**（聖典一九頁）』という経言が、この願文のなかにあるのです。この経言を意訳では「ただし、各自の希望によっては衆生を自在に済度するため（浄土三部経意訳・二四頁）」となっていまして、これも選択の自由が保証されています。

『除く』といえば、常識的には「除外する」「排除する」という意味に採られそうですが、そうではなくて逆に他力回向の信心の広大無碍なる無縁の慈悲をあらわしているのです。如来が「願を発《おこ》したまふ本意（聖典八三四頁）」はまさに「難化《なんげ》の三機《さんき》、難治《なんち》の三病《さんびょう》（五逆罪を犯し、正法を誹謗し、一闡提《いっせんだい》＝断善根《だんぜんこん》・善根を断じていて絶対に救われることのない者）は、大悲《だいひ》の弘誓《ぐぜい》を憑《たの》み、利他《りた》の信海《しんかい》（他力回向の信心）に帰《き》すれば、これを矜哀《こうあい》して治《ち》す（聖典二九五～二九六頁）」といわれるように、かかる除外されたものにこそ如来の大悲はあるのです。

三明と歎異抄

『三明』の第一、宿命智通力から話が拡がっておりますから、もとにもどします。つまり一言でいいますと、宿命智通力とは過去を知る智慧です。宿世の因縁を知ることです。

第二の天眼智通力。これは大経の四十八願の第六願にあたります。その経文は、**『たとひ我れ佛《ぶつ》を得《え》たらんに、国中《こくちゅう》の人《にん》・天《でん》、天眼《てんげん》を得《え》ずして、下《しも》、百千億《ひゃくせんおく》那由他《なゆた》の諸佛《しょぶつ》の国《くに》を見《み》ざるに至《いた》らば、正覚《しょうがく》を取《と》らじ**（聖典一六頁）**』**です。意訳の必要もないと思いますが「もし、私（法蔵菩薩ですね）が阿弥陀佛になるとき、国内の人々が天眼通を得ず、数かぎりない諸佛の国々を見とおすことができぬようなら、私は決してさとり（成佛）を開きません」となりましょう。この第六願の成就文は、

『肉眼《にくげん》は清徹《しょうてつ》にして分了《ふんりょう》ならざることなし。天眼《てんげん》は通達《つうだつ》して無量無限《むりょうむげん》なり。法眼《ほうげん》は観察《かんざつ》して、諸道《しょどう》を究竟《くきょう》す。慧眼《えげん》は真《しん》を見《み》てよく彼岸《ひがん》に度《ど》す。佛眼《ぶつげん》は具足《ぐそく》して法性《ほっしょう》を覚了《かくりょう》す（聖典五〇～五一頁）**』**と五眼を説かれます第二番めにあるのが『天眼』です。ですから、この第六眼の成就文であるこの五眼は法蔵菩薩が阿弥陀佛に成られた佛の眼の内容として説かれたものです。

しかし、佛教辞典などによりますと、五眼については、①肉眼《にくげん》は肉身に持って

いる眼、欲界の人間が持っている肉眼《にくがん》、②天眼《てんげん》は色界の天人が持っている眼、衆生の未来の生死を知る能力を持つ眼、③慧眼《えげん》は二乗（声聞・縁覚）の眼で一切の現象は空《くう》であって、固定した特質はないと見ぬく眼、④法眼《ほうげん》は菩薩が一切を救わんがために一切の法門を照見する眼、⑤佛眼《ぶつげん》は前の四眼を全部具えた佛の眼だと解説されています（佛教語大辞典・中村元著参考）。このような通佛教の解説では括《くく》れないのが大経の五眼の経文ではないでしょうか。第一の肉眼ひとつとりましても**『肉眼《にくげん》は清徹《しょうてつ》**（清く澄みとおって）**にして分了《ふんりょう》**（明了）**ならざることなし』**ですからね。そのような肉眼は人間の眼ではなく阿弥陀佛の眼です。

このように推量してまいりますと、さきの宿命智通力が過去を知る智慧に対して、この天眼智通力とは未来を知る智慧と申すことができるでしょう。このことを、たとえて申しますなら、宿命智通力は『歎異抄』第十三条の「よきこころのおこるも、宿善のもよほすゆゑなり。悪事のおもはれせらるるも、悪業のはからふゆゑなり。故聖人（親鸞）の仰せには、〝卯毛・羊毛のさきにゐるちりばかりもつくる罪の、宿業にあらずといふことなし（聖典八四二頁）」にあたるものでありましょう。

そして、この天眼智通力は、おなじく『歎異抄』第二条の「いづれの行もおよびがたき身なれば、とても地獄は一定すみかぞかし（聖典八三三頁）」にあたるものであると申すことができるでありましょう。

次に『三明』の最後にあたるのが、第三の漏尽智通力であります。これは大経の四十八願では、第十願にあたります。その経文は、

『**たとひ我《わ》れ佛《ぶつ》を得《え》たらんに、国中《こくちゅう》の人《にん》・天《でん》、もし想念《そうねん》を起《おこ》して、身《しん》を貪計《とんげ》せば、正覚《しょうがく》を取《と》らじ**（聖典一七頁）』です。意訳しますと「もし、私が佛になるとき、国内の人々が漏尽通を得ず、いろいろと思いはからい、その身に執着するようなことがあるなら、私は決してさとり（成佛）を開きません」ということになりましょう。

この第十願の成就文は次のような経文です。『**その国土《こくど》のあらゆる万物《まんもつ》におい**

て我所《がしょ》の心《しん》なく染着《ぜんじゃく》の心《しん》なし。去《ゆ》くも来《かえ》るも、進《すす》むも止《とど》まるも、情《じょう》に係《か》くるところなく、意《い》に随《したが》ひて自在《じざい》にして適莫《ちゃくまく》するところなし（聖典五〇頁）』です。意訳しますと「国土のあらゆるものについて我所（自分のものだという思い）がなく、だからそれに執着する心がないのだ。行くも帰るも、進むも止《とど》まるも、つまり生活全体において障碍とする心がなく、自由自在であって適（親《したし》い）莫（疎《おろそか》）のへだてがないのだ」となりましょう。

これは厄介なことであります。われらは行住坐臥、生活全体において我執（我に執《とら》われ）我所執（我がものに執われ）の現実があり、あっちにつきあたり、こっちにとまどって、障害だらけ、自由自在どころか不自由の身に不平だらけの生活を送っている、さらに身の内外には差別の心でもって世を処しているからであります。つまり、この成就文とは全く反対のことばかり思いもし行為をしているのであります。障碍だらけの生活であります。

しかしながら、前回〈第二十巻の目次「念佛者は無碍の一道」参照〉でも『歎異抄』

の第七条で学びましたように、障害が如来の大悲に出遇うことによって「無碍の一道（聖典八三六頁）」を開くのであります。「念佛者は無碍の一道なり」と云いきって生きる力を如来の本願力は、われらに与えてくださるのであります。そして智慧を与えてくださるのであります。

歎異抄の第一条では「しかれば本願《ほんがん》を信ぜんには、他《た》の善《ぜん》も要《よう》にあらず、念佛《ねんぶつ》にまさるべき善《ぜん》なきゆゑに。悪《あく》をもおそるべからず、弥陀《みだ》の本願《ほんがん》をさまたぐるほどの悪《あく》なきゆゑにと云々《うんぬん》（聖典八三二頁）」とあります。世の善悪は微塵にもわれらが往生には助けにもならず障害にもならないのです。本願をたまわるものにとって「死生の事、亦憂ふるに足らず、死生尚且《か》つ憂ふるに足らず、いかに云わんや此れより而下《じ》なる事件に於てをや。追放可なり。獄牢甘んずべし。誹謗擯斥《ひぼうひんせき》、許多《あまた》の凌辱《りょうじょく》、あに意に介すべきものあらんや（清沢満之文集一八六頁・岩波文庫）」であります。

いまひとつ、「親鸞聖人お手紙（御消息）」より引用します。

「奥郡《おうぐん》（常陸《ひたち》国の北部一帯）の人々《ひとびと》の慈信坊《じしんぼう》（親鸞の実子）にすかされて、信《しん》心《じん》みなうかれあうておはしまし候《そうろ》ふなること、かへすがへすあはれに悲《かな》しうおぼえ候《そうろ》ふ。これも人々《ひとびと》をすかし申《まう》したるやうに聞《き》こえ候《そうろ》ふこと、かへすがへすあさましくおぼえ候《そうろ》ふ。（乃至）慈信坊《じしんぼう》が申《もう》すことによりて、人々《ひとびと》の日頃《ひごろ》の信《しん》（心）のたぢろきあうておはしまし候《そうろ》ふも、詮《せん》ずるところは、人々《ひとびと》の信心《しんじん》のまことならぬことの現《あら》はれて候《そうろ》ふ。よきことにて候《そうろ》ふ。それを（慈信坊がまちがった信心を言っていること）人々《ひとびと》は、これより（親鸞の方から）申《もう》したるやうに思《おぼ》しめしあうて候《そうろ》ふこそ、あさましく候《そうら》へ（以下略）（聖典七七三～七七四頁）」と弟子の真浄坊にあてた手紙が残っています。「悲しくおぼえ候ふ」が「よきことにて候ふ」と。さわり（障碍）が「無碍の一道」と転回する、ピンチがチャンスとなるのです。

これは現在を知る神智通力であります。

『国中の人・天』

以上が『**三明**』であります。そして、これらは過去・未来・現在を見通す神智通力であります。ここでちょっと『**国中の人・天**』という経言を、この肉体が死滅してのちの浄土の人・天と規定して、それに固執してしまうのは賛成できません。それでは、第十一願文の『**国中**《こくちゅう》**の人**《にん》**・天**《でん》**、定聚**《じょうじゅ》**に住**《じゅう》』するを現生における利益とした親鸞さまの信心の内実を無視し、浄土真宗を未来教にのみに限定してしまうあやまちを犯すことになります。第二願の『**国中**《こくちゅう》**の人**《にん》**・天**《でん》**、寿終**《いのちおわ》**りてのちに、また三悪道**《さんまくどう》**に更**《かえ》**らば正覚**《しょうがく》**を取**《と》**らじ**』の『**寿終りてのち**』も領解できないことになります。さらには古来から伝承されてきた『**寿終りてのち**』の還相回向すら否定してしまうことになりかねません。ちなみに、この経文の『**更**《か》**える**』は変更とか更迭《こうてつ》（入れかわる）の意味です。

浄土に生れたものが再び三悪道に変質《へんしつ》することがあれば正覚は取らないということであって、いくらでも還帰することができる、還帰しても三悪道に沈澱することはないということであります。

耳と心の神通力

以上の『三明』の三種の神智通力にあと、さらに三種の神智通力を加えたのが『六道』であります。

まず第四の神智通力が「天耳通《てんにつう》」であります。これは大経では第七願にあたります。

『たとひ我《わ》れ佛《ぶつ》を得《え》たらんに、国中《こくちゅう》の人《にん》・天《でん》、天耳《てんに》を得《え》ずして、下《しも》、百千億《ひゃくせんおく》那由他《なゆた》の諸佛《しょぶつ》の説《と》くところを聞《き》きて、ことごとく受持《じゅじ》せざるに至《いた》らば、正覚《しょうがく》を取《と》らじ（聖典一六頁）』というものです。意訳すれば、

「もし、私（法蔵菩薩）が佛に成るとき、国内の人々が天耳通を得ず、数かぎりない諸佛がたの説法を自在に聞きとり、ことごとく受けとることができないようなら、私は決してさとりを開きません」ということです。

この天耳通の願が成就したことを語る経文は、

『自然《じねん》の妙声《みょうしょう》、その所応《しょおう》（ねがい）に随《したが》ひて聞《き》こえざるものなし。あるいは佛声《ぶっしょう》を聞《き》き、あるいは法声《ほうしょう》を聞《き》き、あるいは僧声《そうしょう》を聞《き》く。あるいは寂静《じゃくじょう》（涅槃）の声《こえ》、空《くう》、無我《むが》の声《こえ》、大慈悲《だいじひ》の声《こえ》、波羅蜜《はらみつ》の声《こえ》…かくの如《ごと》きらの声《こえ》、その聞《き》くところに称《かな》ひて、歓喜《かんぎ》すること無量《むりょう》なり。（聖典三六頁）**以下略』**

これらを聞くものは、清浄・離欲・寂滅・真実の道理に随順して、み法の道に従い苦難あることなく、ただ自然の楽しい声を聞くのであります。すべてのものから法を聞くのです。

まあ、この天耳智通力は、さきの天眼智通力と対応するものでありましょう。眼は見えてくるということもありますが、普通、観るというように能動的な智慧のはたらきであるのに対して耳は聞く（もちろん聴くということもありますが）その、つまり受動的な智慧のはたらきであります。ことばをかえて云えば、天眼通は選択《せんじゃく》、天耳通は摂取《せっしゅ》の智慧のはたらきでありましょう。ふりかえって、あまたの勝れた僧の中、親鸞さまが『教行信証』七高僧をはじめとする論・釈は言うに及ばず『論語』にまで及んでいるのを拝読するにつれ、それはまさに親鸞さまの選択摂取の歩みであったことが思われるのです。石川啄木のうたに（〝一握の砂〟）

岩手山《いわてやま》　秋はふもとの三方の
　野に満つる虫を何と聴くらむ

というのがありました。天眼通といい天耳通といい、現実のところでは、そのような智慧のはたらきを云うのでありましょう。現代を生きるわれわれにも、天眼、天耳通の智慧をいただく、つまり選択摂取の眼と耳を持つことの大事さを思うことであります。

『六通』の第五は「他心智通」であります。これは大経の第八願にあたるものです。**『たとひ我《わ》れ佛《ぶつ》を得《え》たらんに、国中《こくちゅう》の人《にん》・天《でん》、他心《たしん》を見《み》る智《ち》を得《え》ずして、下《しも》、百千億那由他《ひゃくせんおくなゆた》の諸佛国中《しょぶつこくちゅう》の衆生《しゅじょう》の心念《しんねん》を知《し》らざるに至《いた》らば、正覚《しょうがく》を取《と》らじ**（聖典一一六頁）』というものであります。**『他心』**とありますが、他人さまの心をこっそりのぞき見るようなものではありません。つづいて説かれていますように**『他心を見る智』**とは**『衆生の心念を知』**ることなのです。衆生の心といえば、衆生の三毒の煩悩（貪欲・瞋恚・愚痴）を知る、名前・利養・勝他の欲望を知ることも勿論でありますが、そういった欲望の根元にある**『心念』**を知るのです。

ずっと以前「厭苦縁」のところで韋提希が、幽閉されて愁憂憔悴しきって佛陀釈尊に**『われいま愁憂《しゅうう》す**（聖典八九頁）』と訴えて、目連と阿難の来訪・慰問を願うところがありました。このとき佛陀釈尊は**『耆闍崛山《ぎしゃくっせん》にましまして、韋提希《いだいけ》の心《こころ》の所念《しょねん》を知《し》ろしめして**（聖典同頁）』、二人の弟子を派遣されると共に佛陀釈尊自身が山から姿を消されて韋提希のところにお出ましになったところがありましたね。なぜ釈尊までお出ましになられたのか、善導さまは「これ世尊、耆闍にましますといへども、すでに夫人の心念の意を知ることを明かす（七祖三七〇頁）」と解説されていました。彼女の『**愁憂**』する心の奥底にひそむ根源としての願心を見ぬかれたからです。

　願心とは何か。ひとくちでいうなら宗教心です。意識する、しないにかかわらず、人間であるかぎり、例外なくその意識の底にうずくまっている心根です。それは時代と社会を貫ぬいて人間すべてが持っている普遍的な願いです。清沢満之の言葉を借りるなら「自己とは何ぞや、是れ人生の根本的問題（清沢文集・岩波文庫一八五頁）」です。いのちといっても、その内容は願心といってよい、つまり簡単にいのちといっても、その中味は願心のほかにはないのです。それを善導さまは「心念」といわれ、もっと具体的に「願往生心」といわれます。経文では『**心の所念**』といわれる。そのような心念は、凡夫にとっては『**愁憂**』として現われる。佛陀釈尊は耆闍崛山にあって、ひとり、その愁憂として現われた彼女の心念を見のがさなかったのですね。他心智通力とは、そのことをさして云っているのです。他人の弱点や欠点をのぞきみるようなものではないのです。

これを観経にあてはめて考えますと、佛陀釈尊は彼女の愁憂する姿の中に彼女の宗教心の芽生えを見てとられたのでありましょう。そしてまた彼女は「華座観」において『**無量寿佛《むりょうじゅぶつ》、空中《くうちゅう》に住立《じゅうりゅう》したまふ**（聖典九八頁）』光に出会うことによって『**無縁《むえん》の慈《じ》をもってもろもろの衆生《しゅじょう》**（＝韋提希）**を摂《せっ》**』したもう『**佛心**（聖典一〇二頁）』すなわち『**大慈悲**（全頁）』を知る他心智通力をたまわったのです。

この他心通の願の成就文は『**善知識《ぜんちしき》に遇《あ》ひ、法《ほう》を聞《き》き、よく行《ぎょう》ずること、これまた難《かた》しとす**（聖典八二頁）』です。

これは、どう領解すべきか迷ったのですが、この『**難し**』とは「有難し」ということでありましょう。有ること難しとは、有り得て始めて実感できる心境だと思います。

そして、この『**善知識**』は、もちろん佛陀釈尊に遇うことのできない現在、おのれのまわりに縁あって出遇った人びとのなかに善知識を見いだしていく智慧をたまわっていくこと、それが他心智通でありましょう。その意味では、この他心智通のはたらきありてこそわれらの連帯感は成就するものであります。

神足智通力

第六番めの神智通力は、神足智通力といわれるものです。大経では第九願で誓われたものです。

『たとひ我《わ》れ佛《ぶつ》を得《え》たらんに、国中《こくちゅう》の人《にん》・天《でん》、神足《じんそく》を得《え》ずして、一念《いちねん》のあいだにおいて、下《しも》、百千億那由他《ひゃくせんおくなゆた》の諸佛《しょぶつ》の国《くに》を超過《ちょうか》することあたはざるに至《いた》らば、正覚《しょうがく》を取《と》らじ（聖典一七頁）』。これが第九願文です。

意訳すれば「もし私が佛に成るとき、国内の人々が神足通を得ず、またたく間に数かぎりない国々をめぐることができないようなら私は決してさとりを開きません、佛になりません」。この第九願・神足通の願の成就文は、**『もしこの経《きょう》を聞《き》きて信楽《しんぎょう》受持《じゅじ》することは、難《なん》の中《なか》の難《なん》、これに過《す》ぎたる難《なん》はなけん**（聖典八二頁）**』**といわれています。**『この経』**とは、もちろん大無量寿経のことですから、この大経が教える念佛成佛の教は、これを聞いて信じ保つことは、実に難事中の難であってこれ以上の難事はない、ということです。

如来から一番遠いところにいる私にまでも、いや、それだからこそ法蔵菩薩は神足通の願を発《おこ》されたのです。「解脱の光輪＝佛身光（聖典五五七頁）」のきは（際）に居る私でありますから**『信楽受持することは難中の難』**なのです。しかしながら如来の神足智通力は「解脱の光輪きはもなし、光触かぶるものはみな、有無を離るとのべたまふ」ところの平等覚といわれる佛身光にふれて**『信楽受持する』**に至るのです。つまり佛心光をいだく身となるのです。それは正に驚天動地のめざめです。云いかえれは覚醒《かくせい》です。

その覚醒において私に見えてくるのは、際《きは》もなき光に触れて、私のめざめを喜んでくださっている無数の諸佛がたですね。他心通の願とともに神足通の願は僧伽成就の基礎になるといって過言ではないと思います。

なぜなら、神足通の願は「願生偈」では菩薩の荘厳功徳成就の第二で「無垢《むく》荘厳《しょうごん》の光《ひかり》、一念《いちねん》および一時《いちじ》に、遍《あまね》く諸佛《しょぶつ》の会《え》を照《て》らし、諸《もろもろ》の群生《ぐんじょう》を利益《りやく》す（聖典一四四七〜一四四八頁）」とありますように、阿弥陀佛のはたらきである菩薩は一念一時のあいだに一ヶ所も欠けることなく無数の諸佛が集られる法座においでになってあらゆる衆生がたに利益を与えられるからであります。ここで讃えられる「諸佛の会」こそ僧伽というべきものであります。

正信偈（聖典二〇二〜二〇七頁）の構成が帰依三宝になっています。はじめの「帰命無量寿如来、南無不可思議光」が帰依佛宝、つづいて「法蔵菩薩因位時」以下「難中之難無過斯（聖典二〇四頁）」までが帰依法宝、そして「印度西天之論家」から「唯可信斯高僧説」で終るまでこれが帰依僧宝です。帰依僧宝が正信偈百二十句の中七十六句を占めているのです。

『三明・六通』といわれる六神通の言葉の説明がながくなってしまいましたが、大経の四十八願のうち第五願から第十願までが、この三明・六通の願になっており、この六願は次の第十一願である「正定聚の願（聖典七九八頁）」の内容となるもの、この六願は総じて浄土真宗の利益である正定聚の位に収斂《しゅうれん》されていくもの、収めとられていくものでしょう。逆に申せば、正定聚の位に入るという浄土真宗の利益を具体的に展開すれば六神智通力をたまわることでありましょう。

経文にかえりますと『**三明**《さんみょう》**・六通**《ろくつう》**ありて八解脱**《はちげだつ》**を具**《ぐ》**す。これを中品上生**《ちゅうぼんじょうしょう》**のものと名**《な》**づく**（聖典一一一〜一一二頁）』

『**八解脱**』につきましては同頁の欄外に「八種の禅定の力によって貧りを捨て去ること」と註釈してあります。前にありました『**阿羅漢道**』、つまり阿羅漢のさとりを得るに至る八種の解脱を意味する言葉です。佛教語大辞典（中村元著）によりますと、心静かな八種の内観によって貧（むさぼり）を捨てた境地。三界の煩悩を捨てて、その繋縛から脱する八種の禅足（初禅・第二禅・第四禅・四無色定・滅尽定）で、阿羅漢のさとりをいう、とあります。

中・上の人びとの利益《りやく》

以下で第七段の用語の説明を終りますが、この第七段は第六段の経文も含めて（七祖四八三頁）を見ていただきますと、第十門の「まさしくかしこ（＝浄土）に到《いた》りて華開《はなひら》くる遅疾《ちしつ》の不同《ふどう》を明《あ》かす」ことと、第十一門の「まさしく華開以後《けかいいご》の得《とく》益《やく》に異《こと》なることあることを明《あ》かす（七祖四八一頁）にあたるところです。

善導さまは、この第十門と第十一門をまとめて三種の意味があることを教えてくださっていますので意訳しておきます。

（一）は、宝華が尋《すなわ》ち開くことを明かしたところである。これは中・上の行者の戒行が、きっちりと精密に勝れている（精強《しょうごう》）からであること。

（二）には、法を説く声がみな四諦の徳を讃嘆してあること。

（三）には、浄土に生れてから四諦の法を聞いて即ち阿羅漢のさとりを獲《う》ることを明かしたところだと云われています（七祖四八三頁）。

これをまとめてみますと、「中品上生の行者は華に包まれて浄土に生れるのだが、生れるとやがて華は開いて浄土のもろもろの声が聞こえてくるのである。その声は《すべて人の世は思いどおりにならぬものであって、それを苦というのだ。そこで、その苦の原因をたずぬれば我執・我所執（我れに執《とら》われ、我がものに執われること）の心からおこったものである。行者よ、真に安らぎの世界は寂静な涅槃のほかにないことを知れ。そのためにはひとすじに八正道にはげむがよい》と説いておられる。行者は、この四諦八正道の道理をさとって六神智通力を得て、八種にわたる内観に達し、我執・我所執から解放された境地を具える身となるのである」ということになりましょう。これが阿羅漢果の利益です。

第八段の経文は『**これを中品上生のものと名づく**（聖典一一二頁）』です。これで中品上生を終り、次へまいります。

中品中生の人びと

中品中生を善導さまは七段にわけて解説されていますが、長くなりますので、まず第一段から第三段をまとめて読んでみます。

『（第一段）中品中生《ちゅうぼんちゅうしょう》といふは、（第二段）若《も》し衆生《しゅじょう》ありて、若《も》しは一日一夜《いちにちいちや》、八戒斎《はっかいさい》を受持《じゅじ》し、若《も》しは一日一夜《いちにちいちや》、沙弥戒《しゃみかい》を持《たも》ち、若《も》しは一日一夜《いちにちいちや》、具足戒《ぐそくかい》を持《たも》ち、威儀《いぎ》欠《か》くることなし。（第三段）此《こ》の功徳《くどく》を以《も》って回向《えこう》して極楽国《ごくらくこく》に生《しょう》ぜんと願求《がんぐ》す。』というところです。

「十一門」をそばにおいて学んでください。便利ですから。

まず、第一段は『**中品中生といふは**』だけに一段をとってあります。善導さまは、この機類の人々を「小乗下善《しょうじょうげぜん》の凡夫人《ぼんぶにん》なり（七祖四八四頁）」と定められています。中・上が「小乗根性《しょうじょうこんじょう》の上善《じょうぜん》の凡夫人《ぼんぶにん》なり（七祖四八一頁）」と比較してください。

もはや、これはこれで、いいでしょうね。

いままで言い忘れていましたが、「十一門」の第三門と第四門については九品みな同じです。つまり、もはや学びました至誠心・深心・回向発願心の三心を具して浄土に生れんとする者であることは九品を通じてちがいはないのですね。三心は散善にかぎらず定善の機にも不可欠なことですね。「三心《しん》すでに具すれば行《ぎょう》として成《じょう》ぜざるはなし。願行《がんぎょう》すでに成《じょう》じて、もし生《しょう》ぜずは、この処《ことわり》あることなからん。またこの三心《しん》はまた通《つう》じて定善《じょうぜん》の義《ぎ》を摂《せつ》す。知《し》るべし（七祖四七〇頁）」と善導さまは断言してありますからね。これはもはや学んだところです。「三心」は観経を貫ぬく棒のごときものです。

第二段へ移りましょう。

『**若し衆生ありて、若しは一日・一夜、八戒斎を受持し、若しは一日・一夜、沙弥戒を持ち、若しは一日・一夜、具足戒を持ち、威儀欠くることなし**』

中輩になりますと、上輩では中心が「行」であったのに対して「戒」が中心になります。

それは散善顕行縁における三福の中の「戒善」です。三つありました。『①**三帰を受持し**、②**衆戒を具足し**、③**威儀を犯さず**』によって貫ぬかれているのが、中輩のうちの中・上であり、中・中です。だが中・下になりますと、あとで学ぶわけですが、生前の常日頃、佛法を見聞する縁に遇わず、そのため佛法を求めることもない、それでも世善（父母に孝養し、師長に奉事し、慈心にして殺さず、十善業を修す）をこそ自分の生きていく根拠として、それらが縁となって善知識から佛法を聞き浄土往生を願うものであります。このように中輩では中・上、中・中と中・下とは二つに機類が分れてくることは確認しておかなくてはならないことです。

中・中以下は在家の人びと

さて、中・中では、いろいろな「戒」がでてきています。『八戒斎』は学びましたので『沙弥戒《しゃみかい》』にふれておきましょう。

これは出家した男子のうち七歳以上二十歳未満のものを「沙弥」といい、その沙弥が守るべき十種の戒を沙弥戒というのです。出家したばかりの見習いの僧ともいうべき段階のもので、女子は沙弥尼《しゃみに》といっています。十種の戒とは、大乗・小乗または宗派によってちがいがあるようですが、小乗の十戒は左のとおりです。

①　不殺生戒《フセッショウカイ》　②　不偸盗戒《フチュウトウカイ》。③　不婬戒《フインカイ》（不邪淫戒とのちがいに注目）。
④　不妄語戒《フモウゴカイ》。⑤　不飲酒戒《フオンジュカイ》。⑥　不塗飾香鬘戒《フヅシキコウマンカイ》。⑦　不歌舞観聴戒《フカブカンチョウカイ》。⑧　不《フ》坐高広大牀戒《ザコウコウダイショウカイ》。⑨　不非時食戒《フヒジジキカイ》。⑩　不蓄金銀宝戒《フチクコンゴンホウカイ》、これで十戒。

まぁ文字を見ていただけで意味はとれると思います。八戒斎に最後の不蓄金銀宝戒を加えたものと理解してよいでしょう。

『具足戒』は出家した比丘・比丘尼が守る戒です。部派によってちがいがあるのだそうですが、普通、比丘は二五〇戒、比丘尼は三四八戒といわれています。

この第二段の経文で思案しますと、この中・中の機類が受ける法は、三種の戒にみな**『一日一夜』**という昼夜二十四時間に限られていることであります。中・上にもいろいろな戒がでてきますが時間の限定はありません。しかし、当然、命の終るまでであありましょう。これは学んだところです。

しかし中・中では、いろいろの戒も二十四時間にかぎって受持するものであることからも中・中は出家ではなくて在家の機類であるといってよいでしょう。

広瀬杲師は「大乗・小乗という佛教の分類にとらわれないで、この経説を身近かに、うかがってみれば中品の人びとは在家にあって道を求める人びとであると思われます（観無量寿経に聞く二五六頁）」と申されていますが、私見を申せば、受戒の法がみな一日一夜にかぎって実践されるところから、中・中以下を在家の人びとと考えるのが自然であるように思われます。

第二段の最後に『**威儀欠くることなし**』があります。これは散善顕行縁の戒福のところにも『**威儀《いぎ》を犯《おか》さず**（聖典九二頁）』という経言がありました。威儀につきましては四威儀ということが維摩経などにも言われていまして平常における立居ふるまいのことで行・住・坐・臥の四つの威儀が一般に使われているものです。

これについては、この観経講読の第九巻『浄業の正因』の一四八頁から一五八頁あたりまでに述べていますので参考にしていただきたいのですが、その中で善導さまの言葉を引用しています。再度、引用いたしますと、

「『不犯威儀《ふぼんいぎ》』といふは、これ身口意業《しんくいごう》、行住坐臥《ぎょうじょうざが》によく一切《さい》の戒《かい》のために方便《ほうべん》の威儀《いぎ》をなすことを明《あ》かす（七祖三八六頁）」と説かれています。

「威儀」というのは、善導さまによれば、ただ行住坐臥のみでなく、身口意の三業まで含んで「威儀」なのです。行住坐臥といえば三業の中でも身業をさすの

でしょうが、そうではない口業・意業までに及んで「威儀」なのです。善導さまは威儀を戒のための方便といわれていますが、また威儀は戒の生活化でもあるのです。極端にいうなら威儀にもならない戒は自慰行為にすぎないと言い切ってよいのではないですか。『**威儀に欠くることなし**』とは、戒が日常生活の上にも薫習しているということであります。

染香人《ぜんこうにん》のその身《み》には
香気《こうけ》あるがごとくなり
これをすなはちなづけてぞ
香光荘厳《こうこうしょうごん》とまうすなる（聖典五七七頁）

これは親鸞さまの和讃の一首です。「香光荘厳」の左訓には「念佛は智慧なり」とあります。念佛の智慧で荘厳されている意味でしょうか。「染香人」は左訓に「かうばしき香、身に染めるがごとしといふ」とあります。

第三段の経文は

『此の功徳を以って回向して極楽国に生ぜんと願ず』です。これは「十一門」では第八門に「まさしく所修《しょしゅ》の行《ぎょう》を回《え》して、弥陀佛国《みだぶっこく》に生《しょう》ぜんと願《がん》ずることを明《あ》かす（七祖四八一頁）」とあり、疏文では「まさしく所修《しょしゅ》の業《ごう》を回《え》して（往生の因として、ふりむけて）所求《しょぐ》の処《ところ》に向《む》かふことを明《あ》かす（七祖四八四頁）」です。

この二文を読んで、ちょっと引っかかるのは「行《ぎょう》」と「業《ごう》」です。どう違うのか、同じ意なのか、善導さまはここでは同義に使っておられるようですが…。どちらも行為を意味する語でありながら、意識的と無意識的のちがいとか能動的と受動的の相違が感ぜられます。これ、あとの座談での話題にしてみませんか。行業という熟語もありましたね。

本日はこれくらいにしておきましょう。

第三講

第四段

次は善導さまの科文では中・中の第四段です。経文を読みましょう。この段は長く、善導さまは八項にわけて解説されます。

『①戒香薫修《かいこうくんじゅ》せる此《かく》の如《ごと》きの行者《ぎょうじゃ》、命終《いのちおわ》らんとする時《とき》、②阿弥陀佛《あみだぶつ》の諸《もろもろ》の眷属《けんぞく》とともに、③金色《こんじき》の光《ひかり》を放《はな》ち、④七宝《しっぽう》の蓮華《れんげ》を持《も》たしめて、行者《ぎょうじゃ》の前《まえ》に至《いた》りたまふを見《み》る。⑤行者自《ぎょうじゃみづか》ら聞《き》けば、空中《くうちう》に声《こえ》ありて⑥讃《さん》じて言《いわ》く「善男子《ぜんなんし》、汝《なんじ》が如《ごと》きは善人《ぜんにん》なり。三世諸佛《さんぜしょぶつ》の教《きょう》に随順《ずいじゅん》するが故《ゆゑ》に、我《わ》れ来《きた》りて汝《なんじ》を迎《むか》ふ」と。⑦行者《ぎょうじゃ》、自《みづか》ら見《み》れば、蓮華《れんげ》の上《うえ》に坐《ざ》せり。⑧蓮華《れんげ》即《すなは》ち合《がっ》し、西方極楽世《さいほうごくらくせ》界《かい》に生《しょう》じて宝池《ほうち》の中《なか》に在《あ》り（聖典一一二頁）』

この第四段は「十一門」の表を見ていただきますと「第《だい》九門《もん》のなかの、行者《ぎょうじゃ》の終時《じゅうじ》に聖来《しょうきた》りて迎接《こうしょう》したまふと、去事《こじ》の遅疾《ちしつ》とを明《あ》かす（七祖四八四頁）」といわれています。大要すれば第一は行者の命が終るときに聖者が行者の前に迎え来られることと、第二は浄土に往生するに要する時間の遅い疾いを明かしたところだと云われるわけです。これが第四段の大綱ですが、疏文の一項ごとに学んでまいります。

第一項では、もはや寿命がながくないことが説かれています。戒によって功徳がかぐわしい香のように行者の身に薫修しているさまは、まさに前講で学びましたように**『威儀欠くることなし』**を表わしています。

日時を限って修めた戒、つまり一日一夜の持戒であっても、月に一度、週に一度でありましても長年にわたって修めることによって、いつのまにか行者の身口意の三業や行住坐臥の上にあらわれるものでありましょう。ただ単に立ち居ふるまいばかりでなく顔や身体の表情、言葉の雰囲気が自然とそうなるのであります。

第二項では、阿弥陀佛が眷属とともに来てくださる。上輩のように仰々しくないのもいいではありませんか。眷属を善導さまは「比丘衆《びくしゅ》（七祖四八五頁）」といわれています。もちろん比丘尼衆も含まれているにちがいありません。生前、親しく交誼《こうぎ》たまわり、おたがいに学びあって、先に逝かれたご院家さんや坊守さん、門徒さん方が迎えにおいでくださるというのですかね。そんなことまで想像するのです。菩薩方の名が見えないのは、中・上の人びととおなじですが、かえって堅苦しくなくてよいのかも知れません。

第三項では、阿弥陀佛はもちろん眷属方が金色の光を放って行者を照らしてくださるといわれています。イザナギノミコトは妻であったイザナミノミコトが亡くなられて、その恋しさのために、彼は女神を追って黄泉《よみ》の国へ行きます。その国は地の底にあって真暗で悪いにおいがした。女神が待てというのも聞かず、女神を見たら全身はドロドロにくさり蛆《うじ》がわき、八匹の雷神が女神の上で、うずくまっていた。おどろいた男神は、やっとのことで地上の国へ帰って、けがれをはらう禊《みそぎ》をしたと『古事記』は書いています。佛教と真反対ですね。佛教ではこの世は一寸先は闇ですが、あの世は光にみちた世界といわれています。黄泉の国、草葉の蔭は暗いのです。

第四項では、比丘たちが蓮華を持って行者の前まで迎えに来てくださるのです。

第五項では、行者は空から行者を讃めたたえてくださる佛の声を聞くのです。

善導さまは、その声を次のように解説くださっているのです。

第六項。「汝《なんじ》、深《ふか》く佛語《ぶつご》を信《しん》じ、隨順《ずいじゅん》して疑《うたが》ふことなし。故《ゆゑ》に来《きた》りて汝《なんじ》を迎《むか》ふ（七祖四八五頁）」と。経文では『善男子《ぜんなんし》』と呼びかけられていますね。上輩でも、この呼びかけはありましたが『法子《ほっし》（上・中、上・下）』でした。在家と出家の呼称のちがいでありましょうか。ここでも先ほどの比丘尼の名が善導さまの解説になかったように、経文でも善女人の呼称がありません。

どうも女性からおこられそうですが、省略されているのであって、心持ちは善男子・善女人なのでありましょう。ここでも明らかに出家でなくて在家のわれらに呼びかけられていることがわかります。ちょっと讃めすぎですかね。

第七項では、佛が行者を讃めたたえられる声を聞いて、ふと自分を見ると蓮華の上に坐っているのです。自分が意識して乗ったのではなく、ふと自分を見たら乗っていたというわけです。これは、たびたび申していますように、善導さまが二種深信の中の法の深信で「疑なく慮《おもんばか》りなく彼の願力に乗じて……（七祖四五七頁）」と読むのは、経文の意にそわないと思います。ここは「乗彼願力、定んで往生を得と深信す」と私は読んでいます。

第八項では、蓮華の上に坐っていたのはいいのですが、蓮華は『**即ち合し**』ですから、乗っていたことを知ったとき、時を移さず蓮華は蕾《つぼ》んでしまい、行者は蓮華に包まれたまま極楽の池に生れるのです。

第四段を終りまして、次は第五段です。

『**七日《しちにち》を経《へ》て、蓮華《れんげ》、乃《すなは》ち敷《ひら》く**』これが第五段です。蓮華に包まれたまま行者は極楽の池の中に往生するのですが『**七日を経て**』華は開くのです。これが「十一門」の中の第十門で、華が開く時の遅《おそい》・疾《はやい》を説かれたところですね。「十一門」を見ていただきますと、華が開くまでの時間は上・中で『**宿《しゅく》**（一晩）**を経《へ》て**』でしたし、上・下では『一日一夜（まる一日）』です。中品では中・上が『**尋**《すなは》**ち**』で、中・中が『**七日を経て蓮華乃**《すなは》**ち敷**《ひら》**く**』です。このように時間に遅疾があります。これで見ますと『**尋**《すなは》**ち**』はまる一日から七日に至るくらいの時間があるし、中・中の『**乃ち**』は一週間の経過があってのものであります。私たち娑婆の時間と浄土の時間がどのようなちがいがあるのかわかりませんが、下・上では『**七七日を経て**』とありますから四十九日、下・中では『**六劫**《こう》**を経て**』ですから、すごい時間の経過を必要とすることになり、下・下では『**十二大劫を満ちて**』ですから、もはや人智では量りきれない時間を要するわけです。まあ、金子大栄師は、この時間を「時の恵み」と申されているところです。「含花未出《がんけみしゅつ》＝花に含まれて未だ出ず」と親鸞さまが疑惑和讃《ぎわくわさん》（聖典六一二頁）で申されているところを逆手《さかて》にとって、時の恵みといただかれる師は仲々のしたたかなお方だったと推察することであります。

次が第六段です。経文を読みます。

『①華《はな》、既《すで》に敷《ひら》け已《をは》りて、②目《め》を開《ひら》き、合掌《がっしょう》して世尊《せそん》を讃歎《さんだん》したてまつり、③聞法歓喜《もんぽうかんぎ》し、須陀洹《しゅだおん》を得《え》、④半劫《はんごう》を経《へ》已《をは》りて阿羅漢《あらかん》と成《な》る。』

意味に難解なところはないでしょう。蓮華がすでに開き、行者の心眼も開いて世尊を合掌し讃歎したというのであります。さらに聞法にはげみ歓喜は湧いて須《しゅ》陀洹《だおん》のさとりを得たのです。須陀洹のさとりとは、もはや学んだところですね。小乗のさとりでは最初のさとりでした。漢訳では預流果《よるか》でした。聖者の流れに入った位階のさとりです。そして半劫（一劫の半期）という永い時を経て小乗最高のさとりである阿羅漢果を成就した、といわれているのです。

最後が第七段で『**是《これ》を中品中生《ちゅうぼんちゅうしょう》の者《もの》と名《な》づく**』です。解説の必要もないでしょう。中・中の結語です。

山口誓子と池西言水

中・上の機類のように、毎日『**五戒**《ごかい》**を受持**《じゅじ》**し、八戒斎**《はっかいさい》**を持**《たも》**ち、諸戒**《しょかい》**を修行**《しゅぎょう》**して、五逆**《ごぎゃく》**を造**《つく》**らず、衆**《もろもろ》**の過患**《かげん》**無**《な》**からん**（聖典一一一頁）』といわれるように、これらの法をしっかりと受持し、修行に堪《た》えてゆくには強靱な肉体と固い意志、そして世俗の雑事から解放された出家にして実践できることなのです。それも日時が切ってあるものでもないのです。善導さまも、この修行の期間は一年か一ヶ月、または一昼夜、または半日など定ってはいないのだが「大意はみな畢命《ひつめい》を期《ご》となして毀犯《きぼん》することを得ず（七祖四八二頁）」と。つまり意味するところ命が畢《おわ》るまで守り通して犯してはならないのだと中・上では説かれます。だが中・中は在家ですから『**一日一夜**』にかぎるのです。

かつて、七重の牢獄に幽閉されたビンバシャラ王が釈尊におねがいしまして、目連尊者を遣《つか》わして『**我れに八戒（斎）を授けたまへ**（聖典八八頁）』と懇願しましたのは、思えば『**七重の室内に置**（聖典八七頁）』かれた、まさに中・上で説かれる出家の生活を余儀なくされたからであって、その強制された投獄という環境を、取って返《かえ》して自発的に八戒斎を求める場として修行し、おのれの人生を全とうしたかったからに他ならないと思います。

しかしながら中・上の如き出家の聖なる修行は、在家生活を営むわれらにとっては、到底不可能なことであります。環境だけではありません。才覚・意志・体力・年齢等々もあるわけです。でも心の深い底のところでは中品上生の人生をあこがれる心根があることも事実でありましょう。

それは世界で一・二を争う金持ちになったといわれる豊かな物質文明に身を置くわれわれにとって、これでいいのだろうかと自問自答する不安というものがある、満足しないという焦燥感ですか、そんな氣分ですね。

とても出来るはずはないことはわかっていても、この豊饒のなかで満足できない何かが心中ふかく居坐っているのです。ありあまる便利な機材にかこまれて、冬知らず夏知らずの快適な生活、その中にあって心は晴れない、あるのは倦怠であり欠伸《あくび》である。いつかも引用したと思いますが再度二つの俳句を紹介します。

海に出て凩《こがらし》帰るところなし　（誓子《せいし》）

凩の果はありけり海の音　（言水《ごんすい》）

誓子の句に、私は今日の日本の出口のない精神情況を読みとるのですが、江戸時代を生きた池西言水の句の「海の音」に、私は言水の深い精神の充足をみるのです。

そうそう、思い出しましたが、かつての名女優高峯秀子さんは、いっさいの財産を処分されて最低限の簡素な生活をなさっていると聞きました。シンプル・ライフですね。

おおげさにいうと、高峯さんの生活スタイルは、ある意味で現代版「出家」ですね。

現在の私の寺には四台のピアノと二台のエレクトーンがあります。みんな門徒や信徒の方から「貰ってくれ」といわれていただいたもの、だから新品ではありません。身辺を整理して身を軽くする、便利快適、物の氾濫の生活から脱皮すること、まあ出家とはいえませんが、出家ごころですかね。埋没してしまっている自己の真実を探そうとなさっているように思います。物の拘束から自由になりたいという……。

「人は何故に名利、世縁を捨てて出家求道するか。自己の真実が名利や世縁の中では埋没し、或いは拘束されるからである」（『良寛』唐木順三・ちくま文庫）と云っています。

このような豊饒な時代だからこそ、自己の真実がかくされてしまい出家願望というか、身辺の生活をシンプルにしようという願いが生れてくるのは当然でありましょう。

ここ十年来、『良寛』についての書物が一種のブームになっています。水上勉、吉本隆明、唐木順三、中野孝次、北川省一みな良寛を書いています。小説では瀬戸内寂聴の『手毬』もあります。中野孝次といえば『清貧の思想』は数年前ベスト・セラーの一冊になり、最近では『風の良寛』があります。

もちろん、二十一世紀は心の時代だとか、宗教の世紀であると喧伝するウサンクサさに与《くみ》するものではありませんが、新興宗教が生れ、さらに新宗教そして街角の宗教といわれる新々宗教が次々と生れている現実は否定できないところです。

いまはどうか知りませんが、広島は安芸門徒といって、親鸞さまの命日、毎月十六日は魚市場は休日だったと聞いたことがあります。いまでも瀬戸内海の島々の真宗寺院では毎朝島民たちが寺へ朝まいりをする習慣がつづいていると聞いております。島民は殆んど漁業を生計としているので、十五日から十六日にかけては漁をしない、だから十六日は魚市場も休日だったのでしょう。また真宗の門徒が多い加賀（石川県）では、蓮如忌（旧暦三月二十五日）にはじまり親鸞忌（旧暦十一月二十八日）に終るという真宗の暦が生活のなかに使われていたとか聞いたことがありました（和田稠師談）。

昨年（二〇〇二年）初秋、昔から念願でした富山県八尾町の〝風の盆〟に行ってきました。宿がありませんので町内の聞名寺に宿を借りました。あくる朝早く人影のとだえた谷間の細長い坂道を散歩したのですが、ふと家並みのところどころから聞えてくる『正信偈《しょうしんげ》（親鸞作六十行百二十句の漢詩）』に深い感動をおぼえたことがありました。

いろいろ申してきましたが、中・中の在家生活をいとなむかぎり、上・上から中・上のような出家生活はできなくても、朝夕のひとときは佛前にぬかづき、両親や子の命日には寺の門をくぐる、親鸞さまや蓮如さまの命日には寺に法座があって寺へ足を運ぶ、それらが中・中の『一日一夜』にかぎって、世塵をはなれて宗教生活の時を持つということでありましょう。キリスト教なら日曜日に教会へ礼拝に行き、ムスリムなら毎日五回はメッカにむかって礼拝する、などなどであります。

習俗としての宗教

しかしながら、日本の現状はますます宗教が軽視され無視されつつあることは否定できない事実であります。八年前でしたか、オーム真理教（アレフと改称）によるサリン事件は、ますます日本人の中に宗教心の低下をもたらしました。新聞などの調査によりますと、あれ以来ことに壮年層・老年層に宗教ばなれが大きいとありました。宗教といえば胡散《うさん》くさいという傾向がますます顕在化しているように思われます。

それは、次に学びます中品下生の機類がそうであります。

善導さまは中・下の人々を「世善上福《せぜんじょうふく》の凡夫人《ぼんぶにん》なり（七祖四八六頁）」と類別されていますように、**『この人命終《ひといのちおわ》らんとする時《とき》**（聖典一一二頁）**』**まで佛法に縁がなくて、世俗の倫理・道徳・法律・国家・政治・経済などを人生の価値基準として生きていく人々であります。

だからといって宗教に全く無関心だというわけではありません。お寺にもおまいりにはなる、元日ともなれば三社まいりもする、しかし、それは求道心の発露といわれるような明確なものでもなく、神・佛も粗末にはしなくて、世渡りの上では、いくらか畏敬の心情はあって、たとえばお寺やお宮からの寄付の依頼があれば応分の負担はしていく、つまり宗教といっても一種の人倫上の習俗として、それを受けとめ多勢の人々に随って生きていく、そのような人々であります。

しかし習俗といいましても馬鹿にはできないのであって、ある意味では、習俗は宗教の社会的成熟態ともいえるのであります。宗教は時の経過とともに人々の意識の中に深く沈殿してゆき、それが社会的・家庭的行事として親子代々に渡って反復されるなかで、無意識的意識の中に深く巣くってしまう心情となっているものであります。

たとえば、わが国の場合、古来民族信仰として森羅万象にそれぞれ心霊を見てゆくアニミズムとでも評される神道があり、それは主として現世利益を目的とするものであったと思われます。五三八年、欽明天皇の時代、朝鮮から佛教が渡来し、天皇の孫にあたられる聖徳太子によって佛教は特に観音（太子）信仰として一般に流布されてゆくのでありましたが、他方、佛教はその時代々々の支配層のなかでは、その支配を可能にする鎮護国家、そして支配層の病気平癒のための道具とする宗教として、機能してきました。

鎌倉から戦国時代へ

時代はくだって鎌倉時代、法然（浄土宗）、道元（禅）、親鸞（浄土真宗）、日蓮（日蓮宗）等が出現するにおよび、佛教は民衆のなかに宗教的自覚をうながしてゆきます。

とくに法然から親鸞へと継承された宗教的覚醒の系譜は、それらの開祖がたのなかにあって当時の支配権力から収奪をほしいままにされている「海《うみ》・河《かわ》に網《あみ》をひき、釣《つり》をして、世《よ》をわたるものも、野山《のやま》にしし（猪等）をかり（狩）、鳥《とり》をとりて、命《いのち》をつ（な）ぐ友《とも》がらも、商《あきな》ひをし、田畠《でんばく》をつくりて過《す》ぐる人《ひと》（聖典八四四頁）」を「みやこびと」たちは「悪人」と蔑視する支配層と対置して「余《よ》の人《ひと》（聖典七七三頁）」と断じ、親鸞自身「いし・かはら・つぶて（礫）のごとくなるわれら（聖典七〇八頁）」と明確に「ゐなかのひとびと（聖典七一七頁）」の側に立って佛教を民衆に公開したのです。

このことは当時の支配層にとっては到底ゆるすべからざる事態で、遂に一二〇七年（承元元年）、死罪四人・流罪八人、世にいう承元の法難事件となりました。以来、親鸞が亡くなるまでの五十余年間、専修念佛宗は十回以上の弾圧がくり返されています。それから二百余年後、本願寺第八代・蓮如の時代になりますと、民衆の中に醸成されてきた宗教的覚醒は支配層間の政権争奪戦（応仁の乱等）による民衆への収奪となり下克上の世情となってあらわれ、加賀の一向宗を中心にして一向一揆が頻発してまいります。

石山合戦

その間には既成佛教界からの一向宗の本山である本願寺への迫害も続きますが、蓮如の最晩年には大坂・石山に本願寺が建立され、彼の没後も一向宗は、四方に燎原の火のごとく伝搬して行きました。それにともなって伊勢長島や越前・三河などにも大きな一向一揆がおこり、ついに本願寺は織田信長と一戦をまじえる石山合戦（一五七〇～一五八〇年）になることはご存知のところです。

信長なきあと、豊臣秀吉は和歌山の根来・雑賀の一揆を鎮圧し、和睦した本願寺に大坂・天満の地を与え、その後京都堀川に土地を寄進します。信長と戦った顕如《けんにょ》（光佐）の没後、教如《きょうにょ》がそのあとを継いだのですが、秀吉によって引退させられて、その弟・准如《じゅんにょ》が第十二代の門主となり、教如は隠居の身となります。

しかし豊臣から徳川家康の代になりますと、彼は教如に京都烏丸の土地を寄進して本願寺の勢力を二分するという懐柔政策をとり、自分の政権を安泰にした、これが本願寺が東・西に分立したはじまりです。家康は三河時代あわや一向一揆の民衆から命まで奪われようとした体験もあり一向宗のこわさを知っていたのでありましょう。

徳川第三代・家光の時代、島原天草の乱がおこり一六三八年にはキリシタン宗を厳禁し、四〇年には幕府は「宗門改役」を置き、七一年には「宗門人別改帳」の作製を全国の諸代官に命じます。

一向一揆から東西本願寺の分立を経て、キリシタン宗の弾圧と禁止、そして第四代家綱の「宗門人別改帳」の成立まで述べて来ましたが、浄土真宗が社会的成立宗教として政治権力からの自立を完全に終焉してしまいましたのは、秀吉による根来・雑賀の一揆の鎮圧とその期を一にしています。大きくいえば石山戦争の和睦の時こそが、それまで辛うじて保っていた宗門の自立が崩壊したときであったと云えます。さらに徳川第三代、第四代の家光、家綱の二代にわたって制度化された「宗門改め」は、一万石以上の大名に指示して、①そのための専従役人を置くこと、②毎年領内の人口の動静の調査を実施すること、③身分（士・農・工・商・被差別民）の統制をはかることを通して、本願寺教団はもとより佛教々団全体が、ほんの一部の例外をのぞいて徳川幕藩体制のなかに組みこまれてしまったといえます。

本願寺教団にかぎって申しますと、一時は政治権力から自立するかと見えましたものの一向一揆の終焉と石山戦争の和睦、そして秀吉の本願寺への土地寄進、家康の本願寺分離政策を経て徳川幕藩体制における「宗門改め制度」の成立によって、以来三百余年、途中明治政府によって神佛混淆《こんこう》を禁止し、民間でも廃佛毀釈の運動がありましたものの、さきほどからの神道と千五百年にわたる佛教の混淆は、民衆の意識のなかでは「神佛」を分けることのない重層信仰として受け取ってきた精神的・宗教的風土が今日まで続いてきているのです。いわゆる習俗という名の宗教です。

それから五百年後の今日

大戦後、真宗教団（十派）は親鸞さま没後七百年を迎えるにあたり、「親鸞聖人七百回大遠忌法要」を一九六一年（昭和三十六年）に営みましたが、東・西本願寺の二派では、それぞれその十年ほど前から、ほぼ時をおなじくして教団回復といいますか改革運動を計画し実践してきました。

例を大谷派（東）にとりますと同朋会運動と名づけ、本願寺派（西）では門信徒会運動と名づけたものでした。寺院数は海外も入れまして東は約一万ヵ寺、西は一万一千ヵ寺。その寺院の分布状況は都市部三割、農漁村部七割。

当時、教団が抱える危機感は二つあったと思います。

一つは新興宗教の降盛です。日蓮宗系の創価学会、霊友会、立正佼正会等。

二つは都市部と農漁村部の人口の比率が逆転しはじめたこと。特に東京を含めた関東地方（一都六県）で西の本願寺派の寺院は三七二ヵ寺です。中国の島根県は四二四ヵ寺です。戦後、開教本部を築地本願寺に置いて、教会・布教所を増やしてはいますが現在約四十に満たない状況です。私の寺の壮年会員だった男性も僧侶となって横浜の保土ヶ谷区の民家を借りて布教所を開設していますが、その苦労は大変なものです。もちろん、この数字は西本願寺派だけのものですから大谷派ほか八派の状況はわかりませんが、あとの七派は寺院数がぐっと少なくなります。大谷派も西本願寺派と大同小異だと想像されます。

六一年当時の大谷派の同朋会運動のスローガンは「家の宗教から個人の宗教へ」でした。教団の危機をすばやく取りあげた極めて象徴的なフレーズでした。最近のスローガンは、「ばらばらでいっしょ」です。たしか金子みすゞの詩の『わたしと　ことりと　すずと』のなかに、そんなことばがありました。

すずと　ことりと　それから　わたし

みんな　ちがって　みんな　いい

ちなみに西本願寺の門信徒会運動の当初のスローガンは「あなたの寺を強くせよ」でしたが、ここ十数年くらいまえから「念佛を世界に子や孫に」となっています。

両者に共通しているのは、一九六一年に迎えた大法要でありながら、戦中・戦後をふくめて教団としての戦争責任の懺悔の告白が一言もなくスポッと抜けていたことが、自省をこめて申すことができると思います。この課題が教団として取りあげられるようになったのは、それから十数年後、靖国神社国家護持法案が衆議院を通過して参議院で廃案となったころからでした。

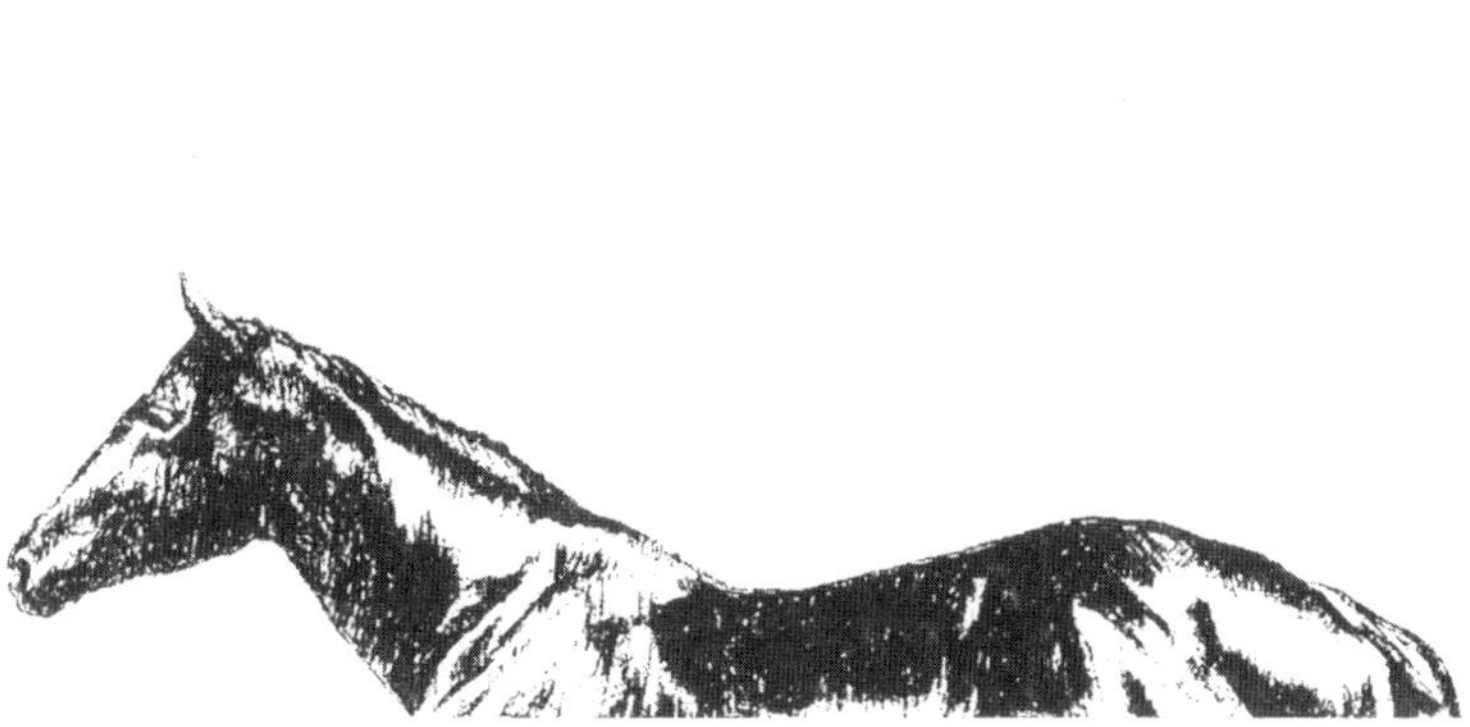

鳥栖市の政教分離裁判

わが国における神佛混淆の習俗から話がそれていますので、もとにもどしますと最近では佐賀県の鳥栖市のある町内でおきました裁判があります。その町内では町内会の会計のなかに神社費が永年計上されてきていました。ところが他県からその町内に転入してきた真宗の門徒の方が、神社費の計上は信教の自由、政教分離の憲法に反すると異議を申したてたことから端を発し、町内会側は、宗教法人とは云っても神社の境内は町内の子供たちの遊び場であり、町内の人々の交流の場でもあり、地域共同体の中核をなすものであって、宗教的意識はないに等しいもの、それに加えて神社費の金額は一人年額五十円にもならないものだと異議申したてを拒否したのです。それに対して自分は真宗の門徒で神道は信じていないからと町内会費から神社費を差し引いた会費を納めようとしたが拒否され、それ以来町内会を通じて配付される市の情報誌・紙も来なくなり、いわゆる村八分的状態となったのです。「そんなに神さまがきらいなら他方《よそ》へ行ったらよかろう」という陰口もあったりして、遂に彼は佐賀の地裁に提訴したのです。二〇〇二年四月十二日、地裁は憲法違反の判決をくだしました。被告側の控訴もなく判例になった事件があります。

法律の上では原告の勝利ですから、よろこばしいのかも知れませんが、もうひとつ突っ込んで考えますと極めて重たい課題をかかえこんだことにもなるのではないか。

なぜなら、われら真宗教団そのものが地域共同体の習俗の上に成り立っていると云って過言ではないからです。云いかえるなら神佛混淆的習俗を中味としながら教団が成立している。つまり裁判に即して申せば原告も被告もともに真宗門徒だったということが、そのことを象徴的にものがたっているのです。被告の町内会長さんは裁判の判決を待たず亡くなられたのですが、……。

これで中品中生を終り、中品下生へまいります。

中品下生の人びと

善導さまは中品下生を七段に分けて教えてくださいますが、まず第一・第二段を読みます。

『(第一段) **中品下生《ちゅうぼんげしょう》といふは、**(第二段) **①若《も》し善男子《ぜんなんし》・善女人《ぜんにょにん》ありて、②父母《ぶも》に孝養《きょうよう》し、③④世《よ》の仁慈《にんじ》を行《ぎょう》ぜん**(聖典一一二頁)』

善導さまは中・下の機類については「世善上福の凡夫人《せぜんじょうふくのぼんぶにん》(七祖四八六頁)」と位置づけられ、「十一門」の中の第二門に「その位を弁定」したところだと申されています。これは善導さまが第一段『**中品下生といふは**』の解説であります。そう善導さまが申される理由が第二段にあるのはよくわかります。

『**①若し善男子・善女人ありて、②父母に孝養し、③④世の仁慈を行ぜん**』ですからね。

善導さまはこの第二段を四項にわけて教えてくださるのですが、まず第一項には「簡機《ケンキ》を明かす」といわれます。簡機とは、この中・下のものが『**父母に孝養し、世の仁慈を**』行ずるに堪《た》えるか堪えることができないかを簡《えら》ぶわけです。それを簡機というのです。

つまり経文では第一項は『**善男子・善女人ありて**』にあたるのです。ふりかえってみれば上品上生から中品中生まで、佛陀釈尊のよびかけは、ずっと『**若し衆生ありて**（上・中と上・下は上・上をもって省略してありますが）』だったわけです。上輩三品は大乗に出あった人々であります。つまり序分の散善顕行縁でいえば行福を行ずる機類であり、中輩の上・中二品は戒福を修める機類だったのです。とにかくも上輩は大乗。中輩の上品と中品は小乗の機類、僧俗の違いはあっても佛法に出遇うことのできた人びとであったわけです。

ところが、ここ中・下になりますと『**善男子**（中・中）』だけではなくて『**善男子・**

善女人』と、いわばフルネームで告げられているところに出家でなく在家のものであることが、これだけでも明快になっています。もちろん、学びました中・中も出家ではなくて在家の機類であることは、すでに申してきたところですが、中・中は佛法に出遇うことができた在家の凡夫であったわけです。

しかし、中・下になりますと、在家であって佛縁が『**命、終らんと欲《す》る時**』までなかった人びとであって、ただ『**父母《ぶも》に孝養《きょうよう》し、師長《しちょう》に奉事《ぶじ》し、慈心《じしん》にして殺《ころ》さず十善業《じゅうぜんごう》を修《しゅ》す。**（聖典九二頁・散善顕行縁・世善）』る機類です。ここでは以下に述べます『**父母に孝養し、世の仁慈を行ぜん**』とする人びとなのです。

父母の孝養

第二段の第二項の経文は『**父母に孝養し**』ですが、これは群萌学舎が発行してくださっています観無量寿教講読の第八巻『父母の孝養』のなかで、善導さまの解説を基本にしながら両重因縁を中心に親鸞さまの両重因縁まで引用しまして随分とくわしく学んできたわけです。そして世善（世福）である『**孝養父母**』も、佛法を抜きにしては、その本意は充分に領解できないことを学んできたつもりです。

しかしながら、ここでいわれている『**父母に孝養し**』の経文は、そこまで深く考えることはないのでありましょう。世間の常識的な意味で父母を大切にする、つまり人倫上の一徳目として領解したらよいのです。そのような意味で、この徳目は言葉としては美しいものですが、一歩まちがえば、父母も子もそのためにお互いに自立できず、結局は親と子の真の連帯も破れてしまうことにもなるわけです。

この点についても観無量寿経講読の第二巻『昔日の因縁』のなかで、親と子との問題を〝未生怨〟（全書二一〇頁）を学ぶことで考えてきたことです。また同じく第五巻あたりを参考にしてください。『光台の現国』です。

善導さまは、この第二項を解説されて「六親《しん》に奉順《ぶじゅん》することを明かす（七祖四八六頁）」と付け加えて解説されています。

「六親」は七祖四八六頁の欄外に「六種の親族、父・母・兄・弟・妻・子のこと」とあります。姉・妹が入っていないのが氣になるところです。広辞林によりますと「父・子・兄・弟・夫・婦の総称」とあります。『平家物語』などに出てくる六親などはそのようです。まあ唐時代に生きた善導さまですから、そうでしょうね。

外道の相善

第三項の経文は『世の仁慈を行ぜん』ですが、善導さまは「この人《ひと》、性調《しょうととの》ほり柔善《にゅうぜん》にして自他《じた》を簡《えら》ばず、物《もの》の苦《く》に遭《あ》へるを見《み》て慈敬《じきょう》を起《おこ》すことを明《あ》かす（七祖四八六頁）」といわれています。この機類の人たちは、その性質が調和して、とありますから理性と感情のバランスがとれていて柔《やわら》かな善良な人なのです。慈愛ある心の持ち主で、人の不幸を見れば同情してはよく世話も届く人々でありましょう。みんなから好かれ、敵のない人であります。

まじめな人とは、ちょっとニューアンスがちがうのですが重なる部分も大きいですね。

そして次の第四項といっても、これは経文には見あたらないので、善導さま独自の解説でありますが「まさしくこの品《ほん》の人《ひと》、かつて佛法《ぶっぽう》を見聞《けんもん》せず、また悕求《けぐ》（願い求める）することを解《さと》らず、ただみづから孝養《きょうよう》を行《ぎょう》ずることを明《あ》かす。応《まさ》に知るべし（七祖四八六頁）」と申されています。この文の「応に知るべし＝応知」は強調する言葉です。佛縁がなく佛道を求めることを知らずに世を渡ってきた世間でいうまじめな人です。

「まじめ」というのは厄介なものです。あんがい頑固な面もあって、人に耳を貸さないところがあるのではないですか。言わずともわかっていることを自分の意見ばかりしゃべりまくる人、修身・道徳を絵に書いたような人、居るじゃないですか。だから善導さまは経文にないことを、あえて一項を設けて解説されたのではないかと思います。そして「応知＝まさに知るべし」でしょ。

たぶん善導さまには、曇鸞《どんらん》さまの「外道《げどう》の相善《しょうぜん》は菩薩《ぼさつ》の法《ほう》を乱《みだ》る（七祖四七頁）」の言葉が思いのなかにあって、わざわざ付記されたのでありましょう。「外道の相善」といわれるのですから、世間の善も、その姿（相）だけでは佛教でいわれる善と似ています。たとえ『**世の仁慈を行ぜん**』といわれても中味をさぐってゆけば、おのれを善とする虚仮の善でしかない、いわば差別の善でしかない、それはまさに「菩薩の法」の障害にしかならないものであります。もとはといえば自己顕示欲、名利によるものであって「菩薩の法」とは似て非なるものでしかない、だから善導さまは「応知」という言葉を置かれて注意を喚起されたのだと思います。

「ただ、みずから孝養を行ずることを明かす」といいましても、これも厄介なことでして、蓬茨祖運師は次のような話をしてありました。

「年老いた母へ、五万円もお年玉をあげる息子があった。ところが、ある年からあげることをやめてしまったというのです。なぜかというと、その老いた母はその五万円をそっくり娘、つまり息子の妹でしょうが、その娘に送ってやるのです。もちろん息子にはだまってです。そして息子にはまたお金が欲しいというのです。息子はまたやるわけです。すると今度はそのお金を全部お寺にお布施するのです。それがとうとう息子にばれてしまい、なんぼやってもやりがいがないと、やることをやめてしまった」という話。

やったのだから母親がどんな使い方をしようとかまわないのでしょうが、父母への孝養がかえって人を貪欲の鬼にしてしまうわけです。息子としては親孝行のつもりでやったのだから、母親がどんな使い方をしようと、いいわけでしょうが、母親が自分のために使わないと腹が立って「こんなことでは金をドブに捨てたようなものだ」と、やることをやめてしまったという話です。**『世の仁慈を行ぜん』**

と経文にいわれますけど、はっきり申せば、『**世の仁慈**』といっても、そのような程度のものではないですか。（『観無量寿経講話』三九一～三九二頁）

尋《たず》ねて即《すなは》ち…

第三段へ進みましょう。

『**此《こ》の人《ひと》、命終《いのちおわ》らんと欲《す》る時《とき》、善知識《ぜんちしき》の、其《それ》が為《ため》に広《ひろ》く阿弥陀佛《あみだぶつ》の国土《こくど》の楽事《らくじ》を説《と》き、亦法蔵比丘《またほうぞうびく》の四十八願《がん》を説《と》くに遇《あ》はん**（聖典一一二～一一三頁）』

意訳の必要もないですね。第二段で学びましたように佛法に遇うこともなく世間の倫理道徳で生きてきた『**善男子・善女人**』たちが、ついに命きわまりて『**命終らんと欲《す》る時、善知識**』に遇って、ひろく阿弥陀佛の国土のたのしいありさまや、さらには法蔵菩薩の四十八願を説きのべられるのに遇うのです。

さきにも述べましたように、この『**命終らんと欲《す》る時**』とは、世間でいう臨終ではありません。今日いう臨終でしたら、善知識が如来浄土の因果や衆生往生の因果を説くひまもないし、中・下の人びとのそれを聞く氣力もないはずです。

下・下の場合は臨終に近いと思いますが、この中・下の場合は臨終の時ではない、それでは間に合わんです。まだ、すこしは善知識の話を聞く事ができる余裕があったのです。

その証拠が、次の第四段の経文『**此《こ》の事《じ》を聞《き》き已《おは》りて尋即《すなは》ち命終《いのちおわ》る**』です。ここの「すなはち」は『**尋即**』ですから、ただの「即」ではないです。少々強引に読むなら往生極楽の道を『**聞き已り、尋《たず》ねて即ち命終る**』です。間に合ったのです。

臨終法話

正確には四十七年ほど住職を経験しましたが、その間千五百人を越す方々の葬儀を執行してきました。それほどの数のなかで臨終の席に立会ったのはたった二度だけです。臨終法話ともいうようですね。昔はよくあった行儀のようですね。危篤状態の病床を見舞ったのは、たくさんあったのですが、臨終法話には緊張しましたね。

まだ三十歳なかばのことです。電話で案内があって、もう臨終が近いようだから来てほしいといわれたのです。いやぁ、昔スバルという軽自動車があったでしょ。三六〇CCの中古車で案内に来られた息子さんにも乗ってもらって行ったのです。九州大学の近くの家でした。

途中、どんな話をしたものかと覚悟もつかないまま行ったのです。玄関をあがって佛間に入りましたら厚い掛け布団を折りたたんで敷布団の上でご本人（息子さんの父親）はその掛布団に背中をもたれて坐っていらっしゃったです。お内佛は開かれ灯明もついていました。まわりには家族や親戚の方たちが私を待っておられました。

ご本人は私を見て会釈をなさいました。

私も黙って会釈をして、すぐにお内佛の正面に坐り、正信偈六首引きのおつとめをしました。ご本人の声はほとんど聞けなかったと思います。家族の方々が唱和してくださったように記憶しております。

終って、くるっと坐りなおしてご本人とまむかいになりましたら、彼は無言で深々とお礼をなさり、そのまま横に臥せられました。

一言の法話もできず、合掌してご本人の寝すがたを拝み見るばかりでした。どんな言葉があるのでしょうか。いま、ふりかえりまして正信偈の読誦唱和こそが今生における最高の臨終法話だと身に反芻いたしております。

いま一度は、死刑確定者の臨終に立ちあったときです。これも生涯忘れることはありません。共に重誓偈をおつとめし、前の晩に用意していた五分ほどの臨終法話も、むきあったとたんに抱きついてきた彼をしっかと抱いて、ただ念佛を申すばかりでした。彼ののびた髭がチカチカと私の頬をさしました。

所長さんから死刑執行の通知書が本人とむきあって披露されました。まわりに正装された二十名ほどの職員のひとりひとりに別れの挨拶を本人は礼をしてまわりました。職員の方々は無言の挙手の礼で応えてありました。職員のおひとりが佛前から酒と煙草と菓子のうち、本人の希望を聞かれました。彼は酒を手にして飲みほすと、また私に抱きついてきました。やっと最後に私が云ったことばは「行っていらっしゃい」やっとそれだけでした。しきりのカーテン越しに隣の刑場があり、彼は職員とともに刑場に消えて、職員のうながしで私はそこを辞しました。

応接間で葬儀の用意ができるまでの半時間を待ち、案内があって刑場の地下室で葬儀を執行しました。

　終って応接間でひと休みしていますと三名ほどの職員の代表の方がおいでになり、執行にあたられた特別に支給される手当のなかから、みんなで寄せあつめたお布施だといって差し出されました。小銭のまじったお布施でした。みなさん疲労困憊《ぱい》のご様子でした。

　帰りまして、かつて一度読んだことのあるロベール・バタンテールの『死刑執行』（フランス）を読みました。彼はミッテラン大統領の時代に要請されて法務大臣に就任し死刑制度を廃止に導いた弁護士です。彼は弁護士時代、死刑執行のあと、真犯人が出たという事件の弁護をされた経験を持っている方でした。

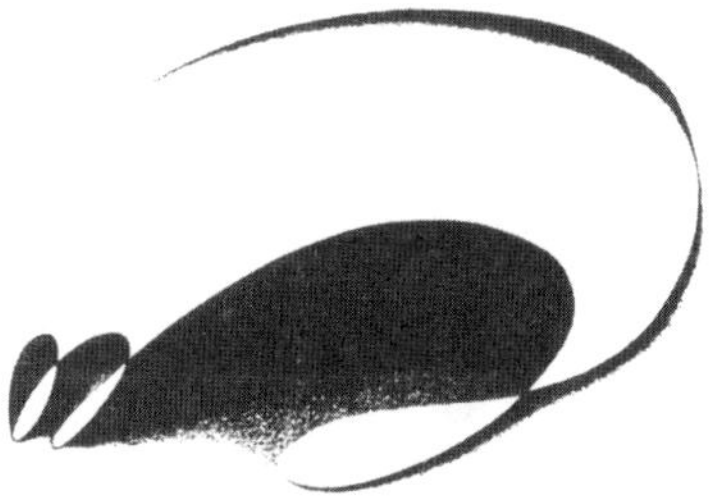

『海の音』の中味

話を経文にもどします。

この中・下から『**善知識**（第三段）』が登場いたします。これは下・下までずっと出てまいります。

善導さまは「この『観経』の定善および三輩上下の文の意を看るに、総じてこれ佛、世を去りたまひて後の五濁の凡夫なり。ただ縁に遇ふに異なることあるをもって、九品をして差別せしむることをいたす。

なんとなれば、上品の三人はこれ大（乗）に遇へる凡夫、中品の三人はこれ小（乗）に遇へる凡夫、下品の三人はこれ悪に遇へる凡夫なり（「十一門」参照・七祖三一八頁）」

と申されているのですが、私説を述べますと、

「上輩三品は大乗に遇へる出家、中輩は中・上が小乗に遇へる出家、中・中は

小乗でも出家でなく在家、中・下はもちろん在家で『**命、終らんと欲《す》る時**』まで佛法に縁がなく世善こそ最高の価値として生きてきた人です。もちろん、これら上輩・中輩を通じて出遇った縁によって別れるのであって、凡夫であることは善導さまの申されるとおりであります。

そんな中で、中・下の人びとは、いわゆる今日でいう危篤情況のときに『**善知識の其《そ》が爲に広く阿弥陀佛国土の楽事を説き、亦法蔵比丘の四十八願を説くに遇は**』れたのです。

これはどういうことかといいますと、大無量寿経を善知識が説いたということです。

朝鮮・新羅《しらぎ》の憬興《きょうごう》師の大無量寿経の解説書である『述文賛《じゅうもんさん》』によりますと、「如来の広説（大無量寿経の大綱）に二つ（上・下二巻）あり。初《はじ》め（上巻）には広く如来浄土の因果、すなわち所行《しょぎょう》（法蔵菩薩の願行）・所成《しょじょう》（願行成就の相《すがた》）を説きたまへり。後《あと》（下巻）には広く衆生往生の因果、すなわち所摂《しょしょう》（衆生の攝取）・所益《しょやく》（衆生の利益の相《すがた》）を顕したまへるなり（聖典一七四頁）」とあります。七世紀から八世紀ころの僧です。これは大部の経典だから上・下二巻に分けたのではないのです。そんな理由で二巻にしたのではないのです。大経は大きく二つの事柄によって成りたっている、つまり「如来の広説に二つ」あるのだと憬興はいうのです。分量が大きいから二つに分けたのではないと。上巻は『時《とき》に国王《こくおう》有《あ》りき。佛《ぶつ》（世自在王佛《せじざいおうぶつ》）の説法《せっぽう》を聞《き》きて心《こころ》に悦予《えつよ》（よろこび）を懐《いだ》き尋《すなは》ち無上正真道《むじょうしょうしんどう》（阿耨多羅三藐三菩提《あのくたらさんみゃくさんぼだい》）の意《こころ》を発《おこ》す。国《くに》を棄《す》て王《おう》を損《す》てて行《ぎょう》じて沙門《しゃもん》（修行者）と作《な》（聖典一一頁）』り、讃佛偈をもって、師・世自在王佛を讃え、自分も師佛と同じように生死を離れて解脱し、恐れ悩める衆生の憩いの家とならんと願って『唯然《ややしか》なり、世尊《せそん》、我《わ》れ無上正覚《むじょうしょうかく》の心《しん》を発《おこ》せり（聖典一三～一四頁）』と法蔵の願いは深くなってゆきます。

『爾時《そのとき》、世自在王佛《せじざいおうぶつ》、其《そ》の高明《こうみょう》の志願《しがん》の深広《じんこう》なることを知《し》り…即《すなは》ち為《ため》に広《ひろ》く二百一十億《にひゃくいちじゅうおく》の諸佛刹土《しょぶつせつど》・天人《てんにん》の善悪《ぜんあく》・国土《こくど》の粗妙《そみょう》を説《と》き、其《そ》の心願《しんがん》に応《おう》じて

悉《ことごと》く現《げん》じて之《これ》を与《あた》へたまふ。時《とき》に彼《か》の比丘《びく》（法蔵）、佛《ぶつ》の所説《しょせつ》を聞《き》き、厳浄《ごんじょう》の国土《こくど》皆《みな》悉《ことごと》く覩見《とけん》し、無上《むじょう》殊勝《しゅしょう》の願《がん》を超発《ちょうほつ》せり（聖典一四～一五頁）』と。

どうでしょうか。大経と観経序分はよく似ていませんか。大経は上巻・正宗分の四十八願へと続く前の経文ですが。

もちろん大経の法蔵は、自ら国を棄《す》て王を損《す》てて行者となったのであり、観経の韋提希は阿闍世から無理矢理に王妃の地位を奪われたちがいはあるわけですが、法蔵の求道が尋発無上正真道意（尋には尋常、尋《たず》ねるの意味があります）からはじまり、師佛を讃える過程をくぐって、我発無上正覚心という自己の課題にまで昇華され、さらに師佛は法蔵の志願の深広なるを知って二百一十億の諸佛刹土、その人民の善悪、国土の優劣を説き、法蔵ののぞみにまかせてそれらをすべて見せられたのです。そこは観経の光台現国（欣浄縁）とよく似ています。韋提希はそこで『**我《わ》れ今《いま》、極楽世界《ごくらくせかい》の阿弥陀佛《あみだぶつ》の所《みもと》に生《しょう》ぜんことを楽《ねが》ふ（別選所求）**。

唯願《ややねが》はくは世尊《せそん》、我《われ》に思惟《しゆい》を教《おし》へたまへ、我《われ》に正受《しょうじゅ》を教《おし》へたまへ（聖典九一頁・請求別行）』であり、法蔵比丘は師・世自在王佛への『唯《やや》、聴察《ちょうざつ》（聴いて心に察し知ること）を垂《た》れたまへ。わが所願《しょがん》のごとくまさに具《つぶ》さにこれ（願い）を説《と》くべし（聖典一五頁）』そして四十八願がはじまるわけです。

大経における法蔵の『尋発』から『我発』そして『二百一十億の諸佛刹土』の『覩見』をくぐって、その志願の深まりは、ついに具体化して四十八願の披瀝《ひれき》に至るその様子は、観経に於ては韋提希の厭苦縁『我《わ》れ今《いま》、愁憂《しゅうう》す（聖典八九頁）』のすがたから、釈尊は『韋提希《いだいけ》の心《こころ》の所念《しょねん》（心念）を知《し》ろしめして…王宮《おうぐ》に出《い》でたまふ（聖典八九～九〇頁）』となるわけです。

法蔵の『尋発』は、凡夫韋掲希にとっては『愁憂』なんです。凡夫の『尋発』は、外面では『愁憂』として現われる。その中味は彼女自身意識もしない『心の所念』です。

そのことを独り佛陀釈尊のみが見てとられたのです。耆闍崛山での説法を中断されて王宮に出てこられたのは事件の持つ一回性の重さです。
次に法蔵の『**我発**』は、韋提希にとっては欣浄縁での『**やや願《ねが》はくは世尊《せそん》、わ、がために広《ひろ》く憂悩《うのう》なき処《ところ》を説《と》きたまへ**（聖典九〇頁・通請所求）』であり、また『**やや願《ねが》はくは、佛日《ぶつにち》、われに教《おし》へて清浄業処《しょうじょうごっしょ》を観《かん》ぜしめたまへ**（全頁・通請去行）』にあたるところです。そのあとは、いま申しました「光台現国」をくぐって、彼女の「別選所求」となり「請求別行」となっていく。この「別選所求」と「請求別行」は、まさに彼女にとっては想像だにしなかった問であり願いであります。

恩徳広大釈迦如来《おんどくこうだいしゃかにょらい》
韋提夫人《いだいぶにん》に勅《ちょく》してぞ
光台現国《こうだいげんこく》のそのなかに
安楽世界《あんらくせかい》をえらばしむ（聖典五六九頁）

が偲ばれますね。しかも、阿弥陀佛のみもとに生れたいと「別選所求」し、そこに生れる正しい道を教えてほしいと「請求別行」したこの願いこそが、「愁憂」

から解放される彼女の「心念」の中味であるとともに、それは彼女にかぎらず、人と生れてきたかぎり万人普遍の願心なのだと思います。

さきほど紹介しました池西言水《ごんすい》の句の

凩《こがらし》の果てはありけり海の音

この「海の音」をどう聞くか。それは言水がどんな思いで「海の音」を聞いたのかわかりません。それはこの句に出遇った者それぞれの思いにゆだねられている。そこが短歌とちがって俳句のおもしろさだと思います。

私は人生七十五年「凩」、その愁憂の果てにあって、私の行く先を歩いてくださっている善知識のつぶやきにもにた南無阿弥陀佛のその声を「海の音」といただいてみるのです。

それにくらべると山口誓子の

海に出て凩帰るところなし

の句には、まったく救いがありません。茫漠として、まさに二河白道の譬にある三定死を思いだささざるを得ない心地がいたします。

しかし、もうひとつ突っこんで思ってみますと、誓子の句は「いづれの行もおよびがたき身なれば、とても（どうあっても）地獄は一定（確実に）すみか（住み家）ぞかし（聖典八三三頁）」がその奥意にある、居直りにも似た信念があっての句かも知れず、逆に言水の「海の音」がたとえ念佛であったとしても、『方丈記』の最末尾に書かれた嘆息のごとき「不請の阿弥陀佛、両三遍申して、やみぬ（角川文庫、方丈記四四頁）」というような念佛だったかも知れないのです。

話が経文からそれていますので、もとにもどしますが、とにかくも憬興師の大経上下巻の大綱の領解は今日になっても動かない的確な科文であります。

大経をちょっとでも学びますれば、上巻が如来浄土の因果が説かれ、下巻が衆生往生の因果が述べられたものであることは容易に理解できるのですが、これは大変な発見であって、こういうのを「コロンブスの卵」というのでしょう。聞けば、もっともだと云うだけでしょうか。そうではないです。この簡決な言葉だけで大無量寿経の骨法というか骨格が明確になるのです。思えばすごい発見です。八高僧に入れてよいほどの功績を残された方だと思います。午前はこれくらいで終りにしておきましょう。

第四講

御文章（第二帖第十一通）

さて、最後の第四講となりました。

中品下生に至って、第三段にはじめて『善知識』が登場してまいります。『**此**《こ》**の人**《ひと》**、命**《いのちおわ》**終らんとする時**《とき》**、善知識**《ぜんぢしき》**の其**《そ》**が為**《ため》**に広**《ひろ》**く阿弥陀佛国土**《あみだぶつこくど》**の楽事**《らくじ》**を説**《と》**き、亦**《また》**、法蔵比丘**《ほうぞうびく》**の四十八願**《しじゅうはちがん》**を説**《と》**くに遇**《あ》**はん**』と。

『善知識』ですぐに思いだしますのは、蓮如さまの「ご文章」、つまり彼が門徒の方々へあげられた手紙、五帖（冊）にまとめられた八十通の、第二帖の第十一通（聖典一一二六頁）です。『真宗聖教全書』によりますと、ご文章は二百十九通ほどあるようですが、その中から八十通を選び五帖にまとめられたのが、ふつう私たちの眼にふれる御文章です。大谷派ではおふみ（御文）といっています。

まぁ、この第二帖第十一通については、前巻（第十三巻『観地の説法』）の一七九頁の「説（観地の法を説く）」から最後の二二九頁まで、随分とくわしく述べていますので、読んでいただきたいのですが、往生極楽の道を歩む生活のための五つの要因として「五重《ごじゅう》の義《ぎ》」が説かれています。「一《ひと》つには宿善《しゅくぜん》、二《ふた》つには善知識《ぜんぢしき》、三《み》つには光明《こうみょう》、四《よ》つには信心《しんじん》、五《いつ》つには名号《みょうごう》。この五重《ごじゅう》の義《ぎ》、成就《じょうじゅ》せずは往生《おうじょう》はかなふべからずとみえたり。されば善知識《ぜんぢしき》といふは、阿弥陀《あみだ》佛《ぶつ》に帰命《きみょう》せよといへるつかひ（使《つかい》）なり（聖典一一二六〜一一二七頁）」と善知識の意味をきっぱりと云い切ってあります。しかしながら「つかい」だからといって軽々しく考えてはならないことであって、我々在家の凡夫にとっては宿善が開発するにはその使いが居ないかぎり往生ができないことは当然のことであって、そのことを蓮如さまは「宿善開発《しゅくぜんかいはつ》して善知識《ぜんぢしき》にあはずは、往生《おうじょう》はかなふべからざるなり。しかれども帰《き》するところの弥陀《みだ》をすてて、ただ善知識《ぜんぢしき》ばかりを本《ほん》とすべきこと、おほきなるあやまりなりとこころうべきものなり（聖典一一二七頁）」と、往生極楽の歩みの中での善知識の意義を明らかにされるとともに、阿弥陀佛を無視して善知識ばかりをたのむことを「善知識だのみ」の異義として注意・批判されているのです。

五重の義について

私見として三つ述べてみます。

一つは、善導・親鸞両師の両重因縁に、善知識を加えられたのは、専修会佛の教団が爆発的に巨大化していった時代状況の中にあって、必然的に往生極楽の道を歩む要因として加えられた蓮如教学であり、あえて云えば従来の両重因縁を一歩発展させた教学といってよいと思います。しかしながら教団（組織）の肥大化は、組織の業報として、外部の時代社会からの圧迫や干渉または懐柔をうけることにもなり、さらに組織内においても名聞（優越）利養（享楽）勝他（覇権斗争）等の欲求の餌食の具と化す危険・矛盾を生むのであります。例えば戦国時代の守護大名の弾圧や利用、それらに抵抗する一向一揆。教団内の多屋坊主《たやぼうず》の「善知識（善知識魔？）化」等であります。

二つは、五重の義の配列についてであります。その順序次第に深い意味があるのかどうかです。蓮如さまは、宿善・善知識・光明・信心・名号の順序になっています。私見を述べますと、名号・宿善・善知識・光明・信心ではどうであろうか、のちの討議の話題にしてはどうですか。蓮如さまは無作意に並べられたものとは思えないので、第四に信心を置き、最後に名号を配されたのは「信心正因・称名報恩」のフレーズが意識にあってのことだと思われるのです。まぁ、彼の第五が「称名」ではなくて「名号」となっているのも気になるのですが、称名といわずに名号とされたのには、若干のとまどいがあったと想像するのです。名号の領受が信心なのですから。

三つは、善知識と信心のあいだに光明を配置されたのは興味ぶかいです。信心のダイナミズムを感じます。「仏願《ぶつがん》の生起《しょうき》本末《ほんまつ》を聞《き》（聖典二五一頁）」くという、聞いて聞きつづけていくという歩みにおいて調熟《ちょうじゅく》されていく。人間成就が育成されていくダイナミズムですね。

光明《こうみょう》てらしてたえざれば
不断光佛《ふだんこうぶつ》となづけたり
聞光力《もんこうりき》のゆゑなれば
心不断《しんふだん》にて往生《おうじょう》す（聖典五五八頁）

この和讃は佛の十号（十通りの名）の第九「不断光」を讃じられたものです。

不断光とは今世だけでなく三世を貫ぬいて衆生を利益したまう光である。「聞光力」とは大経の光明無量の願成就文にある『**もし衆生《しゅじょう》ありて、その光明《こうみょう》の威神《いじん》功徳《くどく》を聞《き》きて、日夜《にちや》に称説《しょうせつ》して至心不断《ししんふだん》なれば、意《こころ》の願《ねが》ふところに随《したが》ひてその国《くに》に生《しょう》ずること得《え》**（聖典三〇頁）』から生れた言葉でありましょう。如来の光明の威神功徳を聞いて、日夜縁にしたがって称名念佛申す身となるのは、その光明てらして絶えることのない如来の不断光の力によるのであります。このご和讃の

「聞光力」の左訓に親鸞さまは、「弥陀の御ちかひ（誓）を信じまゐらするなり（聖典五五八頁）」と解釈なさり、また「聞といふは聞くといふ、聞くといふはこの法を聞きて信じて、つねにたえぬこころなり（三帖和讃講義・柏原祐義著・九三頁）」と同じく左訓して念をおしてあります。

まぁ、「信順《しんじゅん》を因《いん》とし、疑謗《ぎほう》を縁《えん》として、信楽《しんぎょう》を願力《がんりき》に彰《あら》わし、妙果《みょうか》を安《あん》養《にょう》に顕《あらわ》さん（聖典四七三頁）」と申されるほどですから、唯信とは云っても信心を獲得する過程のダイナミズムは並大抵のことではない、その意味で善知識と信心のあいだに光明を入れられたのは興味ぶかいです。

「多屋坊主《たやぼうず》」というのは、蓮如さまが吉崎に坊舎を建てられてから、急激な真宗門徒衆の増加にともなって、そのまわりにはたくさんの宿坊や詰《つ》め所ができました。これらを管理する蓮如さまの弟子や僧侶がいたのです。もはや蓮如さま一人で対応できる状態ではなかったのです。その僧侶たちを指して多屋坊主といわれたのです。『佛教語大辞典＝中村元著』によりますと、坊舎からは別棟の独立した家屋でしたので「他屋」といわれていたのですが、後に長屋のように建てられたので「多屋」という字をあてたのだと解説されています。もちろん多屋坊主だけではなく、多屋やそれ以外にも善知識と評判される人々も在家の門徒にも多く輩出したのは当然のことでした。

もちろん蓮如さまも善知識の意義を否定されたのではありません。「五重の義、成就せずは往生はかなふべからずとみえたり（聖典一一二六頁）」と申されるなかには「善知識」が入っているのですから。

このような異義なり異安心の問題は、成立宗教として教団という社会集団をとるに至れば、必ず出現するものでありましょう。親鸞さまの時代でも専修念佛は既成佛教からは、当時の支配権力に訴えて死刑を含む遠島という弾圧があったわけですし、善鸞事件もご承知のところです。

「専修念佛《せんじゅねんぶつ》のともがらの、わが弟子《でし》、ひとの弟子といふ相論《そうろん》（言い争い）の候《そうろ》ふらんこと、もってのほかの子細《しさい》（思いもよらないこと）なり。親鸞《しんらん》は弟子《でし》一人《いちにん》ももたず候《そうろ》ふ（聖典八三五頁）」という文そのものが、「善知識だのみ」の異安心があったことを物語っているのです。

話しを観経にもどしますと、重ねて申しますが、上・上から中・中までは実践します行や戒にはそれぞれちがいはありましても、それらの功徳なり善根をもって回向して西方極楽世界に往生せんと願い求める人びとでした。

ところが、いま学んでいます中・下になりますと『**此の人、命終らんとする時、善知識**』に出遇うのです。それまでは、まったく佛法に縁がなかった。たゞ世俗の倫理道徳にしたがって世をすごしてきた『**善男子・善女人**』だったのです。

次に学ぶ下輩にいたっては、ひとくちで申せば悪ばかり作ってきた人びとです。それぞれに悪といってもちがいはあるのですが、それは下輩のところで学ぶことになります。けれども中・下とおなじく下輩の人びとが、すべて『**善知識**』に出遇うという縁ではおなじであることを確認しておきましょう。

臂《ひじ》を屈伸する頃《あいだ》

次へまいります。第四段になります。

『此《こ》の事《じ》を聞《き》き已《をは》りて尋即《すなは》ち命終《いのちおわ》る。譬《たと》へば壮士《しょうじ》の臂《ひじ》を屈伸《くっしん》する頃《あいだ》の如《ごと》くに、即《すなは》ち西方極楽世界《さいほうごくらくせかい》に生《しょう》ず（聖典一一三頁）』と。

善導さまの観経疏によりますと、中輩観の「十一門」の第九門では「九にはまさしく命終《みょうじゅう》の時《とき》に臨《のぞ》みて聖来《ひじりきた》りて迎接《こうしょう》（来迎引接《らいごういんじょう》の略で迎えとって浄土に導き入れること）したまふ不同《ふどう》（ちがい）と去時《こじ》（往生に要する時間）の遅疾《ちしつ》（遅《おそ》い、疾《はや》いのちがい）を明《あ》かす（七祖四八一頁）」といわれていました。

ところが、中・下における善導さまの第四段の解説には「まさしく第九門《だいもん》のなかの、得生《とくしょう》の益《やく》と去時《こじ》の遅疾《ちしつ》とを明《あ》かす（七祖四八六頁）」と解説されています。

しかし第四段の経文には聖者方がおいでになってお迎えくださるとも、また今までずっとあった金剛台（上・上）も紫金台（上・中）も金蓮華（上・下）も蓮華台（中・上）も七宝の蓮華（中・中）などが、この中・下にはないのです。ないのは中・下だけでして下輩の三品にも蓮華があり、金蓮華があるのです。そして中輩の「十一門」の第十一門に「まさしく華開以後《けかいいご》の得益《とくやく》に異《こと》なることあることを明《あ》かす（七祖四八一頁）」と、華が開いたあとの得益とあっても華そのものが経典には説かれていませんので、どうしようもありません。

このことにつきましては「七祖」の四五四頁の四行めのところですが、「またこの義《ぎ》（十一門の義《こと》）、もし文《もん》（経）をもって来《き》たし勘《かんが》ふれば、すなはち具《ぐ》・不《ふ》具《ぐ》（具《そなわ》っているもの、具《そなわ》っていないもの）あり。隠顕《おんけん》（隠《かく》れているもの、顕《あら》われているもの）ありといへども、もしその道理《どうり》によらばことごとくみなあるべし。この因縁《いんねん》のためのゆゑに、すべからく広開《こうかい》して顕出《けんしゅつ》（顕わし出すこと）すべし。依行《えぎょう》するもの（散善の行をするもの）をして解《さと》りやすく識《し》りやすからしめんと欲《ほっ》す（七祖四五四頁）」と善導さまは申されていますので、この中・下にも蓮華台や聖者がたの迎接《こうしょう》が隠《かく》されているのだと理解すべきでありましょう。よしんば蓮華がつぼんだままでも浄土に生れること自体が大きな利益でありますから、上・中から下・下までの「得生の利益」があるのは当然のこと、上・上には金剛台がつぼむことすらないのですから、九品を通じて「得生の利益」は貫徹するものであります。

蓬茨祖運師は、この中・下の蓮華台を「百宝華」と命名してあります。まぁ、百種の宝石を散りばめた蓮華に包まれて、浄土に生れる、それも『**壮士《しょうじ》の臂《ひじ》を屈伸《くっしん》する頃《あいだ》**』のように、あっという間に浄土に生れるのです。

上・上では『**弾指《だんし》の頃《あいだ》の如《ごと》くに**』、それも華びらが開いたままに浄土に生れるのですから比較になりませんが、このように時間を具象的に表現されるのは、なかなか興味ぶかいですね。観経の原文は発見されていませんので、どのような原文だったのかわかりませんが、翻訳したのは「宗元嘉中《そうのげんかちゅう》＝宗の元嘉《げんか》年中」ですから紀元四二四〜四五三年のあいだ、畺良耶舎《きょうりょうやしゃ》であることは、この観経の冒頭に記してあることですから訳者の名ははっきりしているわけです。形のない時間を、臂《ひじ》を屈《ま》げたり伸《の》ばしたりするあいだとか、指を弾《はじ》くあいだと表現した訳者は、すぐれた詩人だったようですね。指方立相の経典を訳するに、ふさわしい三蔵法師だったと想像します。

中・中と中・下のちがい

次へまいります。第五段になります。

『**生《しょう》じて七日《しちにち》を経《へ》て**』がそれであります。

この経文を善導さまは解説されて「まさしく第十門《だいもん》の中《なか》の、かしこ（浄土）に到《いた》りて華《はな》の開《かい》（ひらくこと）と不開《ふかい》（蕾《つぼ》んでいること）とを異《い》となすこと（ちがっていること）を明《あ》かす（七祖四八六頁）」と申されています。これは中・中の第五段『**七日《しちにち》を経《へ》て蓮華《れんげ》乃《すなは》ち敷《ひら》く**（聖典一一二頁）』と同じことになるのでありましょう。

それまでは、中・中の『**蓮華《れんげ》即《すなは》ち合《がっ》し西方極楽世界《さいほうごくらくせかい》に生《しょう》じて宝池《ほうち》の中《なか》に在《あ》り**（全頁）』と同じように中・下の人々もそうなるのでありましょう。

ひるがえって散善につきましては、上・上を除いて以下、上・中から下・下までずっと華が開くにはそれぞれ遅疾のちがいがあるのです。上・中では『**宿（一夜）を経て**』であり、上・下では『**一日一夜**』でありました。中・上では『**尋《すなは》ち開く**』でありました。中・中になりますと『**七日を経て**』でありましたから、中・上の『**尋ち**』は上・下の『**一日一夜**』から中・中の『**七日**』までのあいだの時を経ての『**尋ち**』であることが順序から云って領解できると考えられます。中・下では『**生じて七日を経て**』ということですから、中・中と同じであって開華の遅疾のちがいはないと考えることもできるのでありますが、経文の中・中と中・下の、どちらも第六段になりますと違いがでてくるのです。比較してみましょうか。

中・中の第六段の経文は『**①華《はな》、既《すで》に敷《ひら》け已《をは》りて目《め》を開《ひら》き②合掌《がっしょう》して世尊《せそん》を讃歎《さんだん》したてまつり、**』であり、中・下の第六段の経文は『**①観世音《かんぜおん》および大勢至《だいせいし》**

に遇《あ》ひて②法《ほう》を聞《き》きて歓喜《かんぎ》し』です。

もちろん、両者ともに第六段の経文は、これで終らず、中・中は『**③聞法歓喜《もんぽうかんぎ》して須陀洹《すだおん》を得《え》、④半劫《はんごう》を経已《へをは》りて阿羅漢《あらかん》を成《しょう》ず**』と続きます。中・下は『**③一小劫《いちしょうこう》を経《へ》て阿羅漢《あらかん》と成《な》る**』と続いて、共に第六段を終っているのですが、「十一門」の分けかたによりますと、第十門が「まさしくかしこ（浄土）に到りて華開くる遅疾の不同を明か」したところであり、第十一門が「まさしく〜得益の異なることあることを明か」したところでありますから、中・中と中・下を「十一門」に配当すれば、このようになるのではないかと、第六段を二分してみたのであります。

まず、中・中の人びとが出遇ったのは『**世尊**』でありますが、中・下の人びとが出遇ったのは『**観世音および大勢至**』です。このちがいはなぜか、これは大事なことではないか。それは、受けた法のちがいです。「十一門」の第六門「まさに受法の不同を明かす（七祖四八一頁）」といわれるように、中・中の人びとが受けた法は一日一夜にかぎってではあっても八戒斎・沙弥戒・具足戒そして威儀においてて欠くることなしと云われる、日常生活のたちいふるまいが戒の作法にのっとって欠けることのない行業であるのに対して、中・下の人びとが受けた法は、善知識に出遇うことによって、阿弥陀佛国の楽事（本願成就の果）であり、また法蔵比丘の四十八願（因願）が説かれるのを聞き已《をは》ることを得たということです（十一門の第八門）。

親鸞さまの言葉を引用しますと「〝聞〟といふは、衆生、佛願の生起《しょうき》本末《ほんまつ》を聞きて疑心《ぎしん》あることなし、これを聞《もん》といふなり（聖典二五一頁）」といわれます。つまり中・下の人びとといいますのは、普通にいう一般の社会人といってよい、まぁお寺にもまいるが神社にもまいる、キリスト教会で結婚式をしたりもする。しかし、それ以上に宗教に対する関心もなく、それぞれ世俗のいろんな価値観によって生きてきた人びとです。しかし人間であるかぎり自分にも死が必然であることは知っています。それも知識として知っている人びとです。しかし自分が死ぬことと、死を知っていることとのあいだには深い断絶がある。意識のずっと深いところでは、それは不安となって生きている人びとです。その不安をうちけすためにも人びとは世俗の価値観を、利養（享楽）名聞（優越）勝他（正義）に求めて、死を忘れんとすると云ってもいいでしょう。

その中・下の人びとが、命が終ろうとするとき、いままで累々として築いてきた世俗の価値一切が無に帰することが身近かに迫ってきた、そのとき善知識が「佛願の生起本末」を説くのを聞くのです。云いかえますなら、大無量寿経の大綱を聞くのです。如来が浄土を建立された因果と衆生が浄土を生きるという往生の因果が説かれる言葉に遇うのです。そして間もなく命が終る。七日を経て二菩薩に遇う、そこで『(二菩薩から) **法を聞きて歓喜し**』と経文は続きます。この法は命終の時、善知識から聞いた法なのです。それは命終のあと七日を経てではありますが、二菩薩に出遇ったということは、佛願の成就したすがたです。それが今、阿弥陀如来の慈悲の象徴としての観世音菩薩であり、おなじく智慧の象徴としての勢至菩薩です。如来の慈悲・智慧の成就態が二菩薩ですから。法を聞きて歓んだと経文ではいわれていますが、聞いたというより二菩薩との出遇いこそ、**『命終らんとする時、善知識』**から聞いた大経の教が真実であったことを証明しているわけです。これが中・下の人びとの臨終の受法と命終のあとの開華です。

それに対して中・中の人びとは、在家にありながら時をかぎって一日一夜であっても出家の戒律にも生前の元気な時から参加するという形で受法してきた、そしてその功徳を回向して極楽へ生れんとして願って命終して阿弥陀佛やその眷属の迎接《こうしょう》を受け、善人と讃えられて華がつぼみ、七日を経て華は開いて**『世尊』**、つまり阿弥陀佛にまみえる。

まぁ、世尊といえば佛の十号のひとつです。Bhagavat《バーガバット》の漢訳で、福徳を具《そな》えた者の意です。『佛教語大辞典＝中村元』によれば、「釈尊のこと。世尊という語が単独に用いられるときは釈尊を意味することが多い」といわれています。その前に中・中の人びとは阿弥陀佛の迎接に会うわけですがまた得益のところでは『世

尊』とも云っているので、ここの世尊は阿弥陀佛と理解してもまちがいではないでしょう。しかし中・下の人びとが佛の生起本末を聞いて命終し、阿弥陀佛のはたらきである観世音・大勢至に遇って、その二菩薩から**『法を聞きて歓喜し』**たという法は、命終の時に善知識から聞いた**『阿弥陀佛国土の楽事』**と**『法蔵比丘の四十八願』**の法とピッタリ合致したための**『歓喜』**であって、中・中の人びとが単に阿弥陀佛の出迎えに会ったのとは、その深さにおいて比較にならない重さを持っていると思うのです。中・中の人々は阿弥陀佛、中・下の人々は本願成就の南無阿弥陀佛に出遇ったのです。中・下の人びとは単なる阿弥陀佛との出会いではなく、本願（因）成就（果）せる阿弥陀佛のはたらき、慈悲（観世音）と智慧（大勢至）との出会いです。阿弥陀佛と申しましても観世音・大勢至のはたらきの他にないのですから。南無阿弥陀佛に出遇ったのです。その「南無阿弥陀佛」は経文の上では次の下・上にでてくるのです。

浄土における時間

以上のような第十門「華開くる遅疾の不同《ちがい》」から、第十一門「華開以後の得益の異なることとある」のは当然であります。

中・中では、重ねて申しますと**『聞法歓喜して須陀洹《しゅだおん》**（預流果《よるか》・小乗における四種の果《さとり》の第一段階の果、初果《しょか》ともいう）**を得、半劫を経已《へをは》りて阿羅漢**（阿羅《あら》漢果《かんか》・小乗における四種の果の第四段階の果）**を成ず』**です。

中・下では『一**小劫を経て阿羅漢を成ず**』です。

どちらも遂には阿羅漢果を得ることにおいてちがいはないのですが、その果を得るまでの時間に差があるようです。須陀洹果の内容は『**聞法歓喜**』にあることですので、中・下には須陀洹の経言こそありませんが『**聞法歓喜**』の経文は中・下にもありますので須陀洹を得たことはあきらかです。

ですから、両者の差異は『**半劫**』と『**一小劫**』という時間ということになります。

いろいろと辞典を開いて調べてみました。

劫はご存知のとおり(Kalpa《カルパ》)、「時分を分別するが故に劫となす(大毘婆沙論)」と。つまり時間の単位です。『望月仏教大辞典2』によりますと「緒経論に小劫・中劫・大劫の目あり」とあり、「一小劫を名づけて一劫となし、二十小劫をまた一劫となづけ、四十小劫をまた一劫と名づけ、六十小劫をまた一劫と名づけ、八十小劫を一大劫と名づく」とあり、すごい数の諸説があります。ただ半劫というのが一小劫の半分なのか、中劫、または大劫の半分なのかわかりませんので、どちらが長い時間なのか分別がつきません。

しらべているうちに、ふと考えました。浄土に時間というものがあるのだろうか、と。時間は百五十億年前のいわゆるビック・バーンから始ったという説があります。

中輩では『**半劫**』『**一小劫**』。上輩では『**弾指の頃**《あいだ》』『**宿**《シュク》』『**一日一夜**』『**三七日**』

など。下輩になりますと『**七七日**』『**十小劫**』『**六劫**』『**十二大劫**』など。「十一門」の表を見てください。これらは皆、時間に関する言葉です。浄土にも時間があることになります。

どうでしょうか。この世になぞらえて、このような時間があるように説かれたのではないか。下・下では『**佛名《ぶつみょう》を称《しょう》するが故《ゆゑ》に、念々《ねんねん》の中《なか》に於《お》いて八十億劫《はちじゅうおくこう》の生死《しょうじ》の罪《つみ》を除《のぞ》く**（聖典一一五頁）』と説かれ『**蓮華《れんげ》の中《なか》に於《おい》て十二大劫《じゅうにだいこう》を満《み》てて、蓮華《れんげ》方《まさ》に開《ひら》く**（聖典一一六頁）』と説かれるに至っていますね。まだ学んではいないところですが…。

わが宿業の無尽なることに目ざめてみれば『**半劫**』や『**一小劫**』と説かれる長い修業によらねば阿羅漢果を得ることのできるはずもないと思うのは行者にとって当然のことです。その行者の思いを満足させるために『**半劫**』とか『**一小劫**』という時間を如来は行者に与えられたのでありましょう。

浄土は、この世の時間・空間を超越するものでありつゝ、内在するものであります。超越するだけの世界だったら、この世とは無関係になってしまい、内在するだけだったら浄土ではありえないことになってしまうのです。浄土は真実においてこの世の時間を超越し、同時に浄土は方便においてこの世の時間に順応するのではないか？

そうしますと、浄土がこの世に順応する時間は方便であります。『**半劫**』も『**一小劫**』も、この世にありますわれらの時間の意識に添って説かれたもの、同時に如来の神智通力は浄土が時間を超越した世界であることを知らしめるのです。ここにも、雑想観で学びました『**神通如意**（聖典一〇七頁・七祖四四八頁）』の教法は貫徹され「指方立相＝方を指し相を立つ（七祖四三二頁）」の教説は歴然であります。もはや『**半劫**』『**一小劫**』の時間の長短を論ずることは無駄なことであります。真実報上においては両者はともに一念であります。

重ねて申しますが、観経は凡夫の経典でありますから、時間を立てるのです。凡夫は久遠の昔から惑・業・苦の輪廻《りんね》・流転に沈んできたがために、解脱を得て阿羅漢のさとりを得るためには、その流転の長さに匹敵するほどの修業が必要であろうと思うものであることを慮《おもんば》かって、佛陀釈尊は『半劫』『一小劫』と説かれたのではないか。

とにかくも、この中・下において如来浄土の因果（大経上巻）・衆生往生の因果（仝下巻）が説かれた意味は深くて重いものがあると思います。なぜなら、その深重なる意味を開いてくるのが下輩観であるからです。下輩観において名号・称号がでてくるのです。

第六段・第七段

第六段にまいります。経文は、

『**観世音及《かんぜおんおよ》び大勢至《だいせいし》に遇《あ》ひて、法《ほう》を聞《き》き歓喜《かんぎ》し、一小劫《いちしょうこう》を経《へ》て阿羅漢《あらかん》を成《しょう》ず**』

これは「十一門」の最後「第《だい》十一門《もん》の中《なか》の華開以後《けかいいご》の得益《とくやく》の不同《ふどう》を明《あ》かす（七

祖四八六頁)」といわれて、このなかに三つの意味があることを解説されています。いわく、

「一つには時《とき》を経《へ》て以後《いご》、観音《かんのん》・大勢《だいせい》(至)に遇《あ》ひたてまつることを得《う》ることを明《あ》かす。

二つにはすでに二聖《しょう》(観音・勢至)に逢《あ》ひたてまつりて、妙法《みょうほう》を聞《き》くことを得《う》ることを明《あ》かす。経文には名号は出てきませんが…。

三つには一小劫《しょうこう》を經《へ》て以後《いご》、はじめて羅漢《らかん》を悟《さと》ることを明《あ》かす」と。

まぁ、これはこれで別に付け加えて解釈することもないでしょう。

「得益の不同《ちがい》」といっても中輩の三品ともに阿羅漢果を得ることでは同じです。利益を得る時間に不同があるといわれているのです。しかしながら、すでに申しましたように、浄土は時・空を超越するとともに内在する絶待の世界でありますから、中・上の『**時に応じて**』も、中・中の『**須陀洹を得、半劫を経已りて**』も、中・下の『一**小劫を経て**』という時間の差別は差別のままに一念であることはご

理解いただけたことと思います。『半劫』も『一小劫』も、時を超えた浄土が神通如意ゆえの表現です。

そして最後の第七段です。経文は、

『是《こ》れを中品下生《ちゅうぼんげしょう》の者《もの》と名《な》づく。是れを中輩生想《ちゅうはいしょうそう》と名《な》づけ、第十五観《だいじゅうごかん》と名《な》づく』と。

これが第七段ですが、もう付け加えることもないでしょう。

総讃

最後になりましたが、善導さまは中輩観を総讃されて次のように詩《うた》っておられます（七祖四八七頁）。

中輩《ちゅうはい》は中行中根《ちゅうぎょうちゅうこん》の人《ひと》なり
一日《にち》の斎戒《さいかい》をもって金蓮《こんれん》に処《しょ》す

父母《ぶも》に孝養《きょうよう》せるを教《おし》へて回向《えこう》せしめ
爲《た》めに西方快楽《さいほうけらく》の因《いん》と説《と》く
佛声聞衆《ぶつしょうもんしゅう》与来《ときた》り取《と》りて
直《ただ》ちに弥陀《みだ》の華座《けざ》の辺《ほとり》に到《いた》る
百宝《ひゃっぽう》の華《はな》に籠《こ》もりて七日《にち》を經《へ》
三品《さんぼん》の蓮《はちす》開《ひら》けて小真《しょうしん》を証《しょう》す（七祖四八七頁）

この総讃を読みましたとき、蓬茨祖運師が中品下生を解説されるにあたって「百宝華」と標題されていることがわかったのです。根拠は、この総讃にあったのです。ちなみに九品の標題をあげておきます。

上・上＝金剛台
上・中＝紫金台
上・下＝金蓮華

中・上＝蓮華台
中・中＝七宝蓮華
中・下＝百宝華
下・上＝宝蓮華
下・中＝吹諸天華
下・下＝見金蓮華

ずいぶんと中・下の「百宝華」をさがしたのですが、わからずあきらめていたのです。たまたま『往生礼讃（善導作）』の中の日中讃（七祖七〇四頁）を唱和していますときに、この「百宝華」に出会ったのです。まぁ、九品の標題を全部蓮台で統一されたのにも師独特の理由あってのことでありましょう。正に象徴的な標題ですね。師が勝手にご自分で作られた標題と思いこんでいました。師は、やっぱりキチッと読んでおられて標題とされたのですね。

総讃の語句の解釈をしておきましょう。

◎中行中根の人
=中度の行を修める根機の中程度の人
◎小真
=小乗のさとり
以上で中輩観を終りにしたいと存じます。次回は下輩観になります。この講読をはじめまして十三年、はや七十六歳の馬齢を重ねてまいりました。あらためて第一巻から読みかえして同じことを幾度となく述べていることに気づいて惚《ほう》けてきたことを、つくづく感じております。

「いのり」について

いますこし時間がありますので、今年（二〇〇三年二月二十日の「本願寺新報」の第一面にトップニュースとして掲載されました「いのりについて」という普賢晃寿師の論文について私見をのべたいと思います。「いのり」が問題になった経過とその論文は次のとおりです。

まず経過ですが二〇〇二年十月の定期宗議会（全教区から選出された僧侶と門徒で構成する教団の最高決議機関＝宗会《しゅうえ》＝）で、「いのり」という言葉の理解について質問があり、当時教学研究所の大峯顕氏から「いのりがない宗教なんてない」趣旨の答弁があり、それについて毎日新聞が「祈り〝公認〟浄土真宗本願寺派」という見出しで、「いのり」の使用を教団が認めたかのような記事（同年十二月十日）が掲載され、再び同年十二月十二～十三日の臨時宗会で質問があり、本願寺新報は同年十二月二十日号に「いのりについて」の記事を掲載、このような経過をふまえて、『浄土真宗は、祈りなき宗教』の見出しで普賢氏の論文を掲載したのです。四段に分けて論じてあるのですが、長くなりますので、最後の第四段の文を引用してみます。

× × ×

普賢いわく『次に「御消息」を伺いますに、「いのり」について記述されたご教示が存します。

「それにつけても念佛をふかくたのみて、世のいのりに、こころをいれて、申しあはせたまふべしとぞおぼえ候ふ。（中略）詮《せん》じ候ふところは、御身にかぎらず念佛申さんひとびとは、わが御身の料《りょう》はおぼしめさずとも、朝家《ちょうか》の御《おん》ため国民《くにたみ》のために念佛申しあはせたまひ候はば、めでたう候ふべし。（中略）わが身の往生一定とおぼしめさんひとは、佛の御恩をおぼしめさんに、御報恩のために御念佛こころにいれて申して、世のなか安穏なれ、佛法ひろまれとおぼしめすべしとぞ、おぼえ候ふ（聖典七八三～七八四頁）」

この文中の「世のいのり」とは「朝家の御ため国民のために念佛まふしあはせたまふ」ことであり、「世のなか安穏なれ、佛法ひろまれとおぼしめすべし」とある如く、如来の大悲に生かされる念佛者のおのずからなる「願い」と解《かい》すべきであります。上述の「御和讃」の「現世のいのり（佛号《ぶつごう》むねと修《しゅ》すれども／現世《げんぜ》をいのる行者《ぎょうじゃ》をば／これも雑修《ざっしゅ》となづけてぞ／千中無一《せんちゅうむいち》ときらはるる＝聖典五九〇頁）」とは同一の意味ではありません。即ち「御消息」の「世のいのり」とは、朝家と国民のために念佛することであり、心に世の中安穏なれ佛法ひろまれかしと「おぼしめし」つつあることをいうのであります。社会の平安、佛法興隆を念願しつつ、念佛申すことにほかならぬのであります。

　この念佛は我を救いたもう如来に対する知恩報徳の常行大悲の称名であります。正定聚の信心の行者には常行大悲の益《えき》が恵まれてあります。信後報恩の念佛は、常行大悲、如来の大悲をつたえひろめる報謝のいとなみといえましょう。この如来の大悲に生かされる信心の行者の宗教生活は「世のなか安穏なれ佛法ひろまれ」の願いとなって展開するものといわねばなりません。したがって「御消息」の「世のいのり」とは現世祈祷・祈願請求の意ではなく、常行大悲の益に生かされる念佛者の佛法弘通・平和へのおのずからなる素純な願い、ひたすらな思念と解すべきであります。

今日的課題である真宗者の平和運動もかかる姿勢に立脚して展開されるべきであると考えます。常行大悲の報謝の心でもってなされる平和への願いは、真宗者の尊い宗教的いとなみといえましょう』と結んであります。

これについて二、三の私見をのべてみたいと思います。

第一に、第三段に引用されてある和讃（善導和讃）につきまして異論はありません。師も申されるように「如来の本願他力に全託する信に生かされている念佛者にあっては」攘災《ジョウサイ》（ハラフ・ノゾク）招福《ショウフク》の祈願請求の現世の「いのり」を明確に否定されているのが、このご和讃の意味だからです。

ただ、このご和讃のすぐ前には「助正《じょしょう》ならべて修《しゅ》するをば／すなはち雑修《ざっしゅ》となづけたり／一心《いっしん》をえざるひとなれば／佛恩報《ぶっとんほう》ずるこころなし（聖典五九〇頁）」といわれているのですから、「佛号むねと修すれども／現世をいのる行者をば／これを雑修となづけ」るのであって「一心をえざるひとなれば／佛恩報ずるこころなし」であり、もはや学びましたように「助」とは助業のことで読誦・観察・礼拝・

讃嘆供養の四つ、「正」とは正定業のことで称名、これを和讃では「一心」といわれているのです。

しかし師が引用されているご和讃は、さらにきびしく「弥陀の名号をもっぱら称する身でありながら、この念佛をもって、現世祈祷の具に供したならば、千人中一人たりとも助かるものはない（＝千中無一ときらはるる）という意味であります」と申されているのです。

ただ、この論文は「いのりについて」浄土真宗はどう答えるかを主題とするものでありますから直截に「純粋な他力の信」をのべられたものでありましょうが、「しかるに、いま『大本（大経）』によるに、真実・方便の願を超発す。また『観経』には、方便・真実の教を顕彰す（聖典三九二頁）」また「『大経』・『観経』、顕の義によれば異なり、彰の義によれば一なり、知るべし（聖典三八三頁）」ともあることですので、できれば、観無量寿経の趣意にまで筆をのばしてほしかったと願うものであります。もちろん紙数にかぎりがあってのことでもありましょうから、そこまで筆を走らすことは無理であることは承知しながらも残念だったと考えます。

第二は、もはや全文を引用しました第四段についてであります。そこに引用されていますのは、聖典の七八三頁から七八四頁までの御消息の一部でして、聖典では一頁十五行のうち七八三頁は最後の第十五行め「それにつけても…」から、七八四頁は第八行までの引用で、それも途中で二回の中略がある引文です。

この御消息は建長四年(一二五二年)から八年のころに、鎌倉での念佛訴訟事件があり、それにかかわった性信房の手紙に対する親鸞さまのご返事で、性信房の努力があって念佛弾圧がようやくおさまり、喜ばれていることからはじまります。要約しますと、
①この念佛弾圧に関する訴訟は性信房ひとりによるものではなく「すべて浄土の念佛者」にかかわるものであること。
②いまから四十五年前の承元元年(一二〇七年)にも、まだ法然上人がおいでになったときの念佛弾圧とおなじことで、あのときなど四人が死罪・八人が島な

がしでした。「ことあたらしき訴へ」ではないこと。
③念佛を禁止せよと訴へられたのは性信房ひとりに責任があることではなく、念佛者であるかぎりおなじことで、念佛者でありながらものの道理を心得ない人たちが、性信房に責任があるように云うことは、まったくのまちがいであること。
④「念佛申さん人は、性信房のかたうど（味方）になってこそ当然であること。
⑤ところが母上や姉上、妹さんがたまでがいろいろと云いがかりをつけて性信房を引きとめようとなされたことは、むかしからよくあること（ふるごと）であること。
⑥だからといって朝廷が念佛を禁止（承元の法難）したり、承久の乱（一二二一年）によって幕府が後鳥羽《ごとば》・順徳《じゅんとく》・土御門《つちみかど》の三上皇を島流しにするという「凶《くせ》事《ごと》」がおこったことなど、まさにこの世は末法濁世であること。
このような前置きがあっての、この引文であることを知っておくことが大事なことであります。

その引文は重複しますが、このような末法濁世であるからこそ、

「それにつけても念佛をふかくたのみて、世のいのりに、こころにいれて、申しあはせたまふべしとぞおぼえ候ふ。」といわれるのです。

師は、これを解説されて「この文中の〝世のいのり〟とは〝朝家《ちょうか》の御ため、国民《くにたみ》のために念佛申しあはせたまふ〟ことであり〝世の中安穏なれ、佛法ひろまれとおぼしめすべし〟とある如く、如来の大悲に生かされる念佛者のおのずからなる願いと解すべきであります」と申され、だから師はまたつゞけて「上述の御和讃（善導和讃）の〝現世のいのり〟とは同一の意味ではありません」と、わざわざ〝世のいのり〟を〝願い〟といいかえるべきだ、そう解釈すべきだと申されているのです。

どうでしょうか〝世のいのり〟を〝願い〟といいかえるだけでいいのでしょうか。

師は、このあと「知恩報徳」とか「常行大悲」とか「正定聚」とか、いろいろと現生の利益（聖典二五一頁）をあげて、信後報恩の念佛のすぐれていることを主張

されて、「したがって世のいのりとは現世祈祷・祈願請求の意ではなく、常行大悲の益に生かされる念佛者の佛法弘通・平和へのおのずからなる素純な願い。ひたするな思念と解すべきであります」と申されたあと、「今日的課題である真宗者の平和運動も、かかる姿勢に立脚して展開されるべきであると考えます。常行大悲の報謝の心でもってなされる平和への願いは、真宗者の尊い宗教的いとなみといえましょう」と結論されて終っているのです。

いま、ひとつのご消息

註釈版の聖典にも、以上の御消息のほかに、第四十三通にも、この訴訟に関することが触れられています（聖典八〇七～八〇八頁）ので、これもあわせて読んでみましょう。

この手紙も性信房《しょうしんぼう》あてのもので、日付がありませんが、さきのお手紙からあとのものであることは、この手紙の中味から知られることです。さきのお手紙には七月九日の日付があり、この訴訟による弾圧事件の終結は建長八年のころと考えれば、親鸞さまが八十四歳の秋のころのものと想像されます。読んでみます。

「くだらせたまひてのち、なにごとか候《そうろ》ふらん。この源藤四郎殿《げんとうしろうどの》におもはざるにあひまゐらせて候《そうろ》ふ。便《びん》のうれしさに申《もう》し候《そうろ》ふ。」

〈鎌倉からお帰りになってから何事かあったのでしょうか。関東から源藤四郎殿が来てくれました。私〈親鸞〉の手紙を持ちかえってくださるとのことですので嬉しいことです〉

「そののちなにごとか候《そうろ》ふ。念佛《ねんぶつ》の訴《うった》へのこと、しづまりて候《そうろ》ふよし、かたがたよりうけたまはり候《そうら》へば、うれしうこそ候《そうら》へ。いまはよくよく念佛もひろまり候《そうら》はんずらんとよろこびいりて候《そうろ》ふ」

〈その後、何かあったのでしょうか。念佛の訴訟のこと落着したこと、皆さんより聞いて嬉しく思っています。今から念佛もひろまってゆくことと喜んでおります。）

「これにつけても御身《おんみ》の料《りょう》はいま定《さだ》まらせたまひたり。念佛《ねんぶつ》を御《おん》こころにいれてつねに申《もう》して、念佛《ねんぶつ》そしらんひとびと、この世《よ》・のちの世《よ》までのことを、いのりあわせたまふべく候《そうろ》ふ。」

（それにつきましても性信房の分《ぶん》としてはいまや決定されているのです。念佛をあなたの心にしっかり入れて、つねに称えて、念佛を非難する人たちのこの世やのちの世までのことを、いのり合ってください）

「御身《おんみ》どもの料《りょう》は、御念佛《おんねんぶつ》はいまはなにかはせさせたまふべき。ただひがうたる世《よ》のひとびとをいのり、弥陀《みだ》の御《おん》ちかひにいれとおぼしめしあはば、佛《ぶつ》の御恩《ごおん》を報《ほう》じまゐらせたまふになり候《そうろ》ふべし。よくよく御《おん》こころにいれて申《もう》しあはせたまふべく候《そうろ》ふ」

（性信房の分《ぶん》については、御念佛について今やとやかくいうこともないでしょう。ただまちがっている世の人々のことをいのり、弥陀の御誓《おんちかい》に帰入なさいと思いあわせくだされば、如来のご恩に報《む》いすることになるでしょう。よくよく、このことを心に入れて、念佛をとなえあってほしいと思います）

「聖人《しょうにん》（法然）の二十五日《にじゅうごにち》の御念佛《おんねんぶつ》も、詮《せん》ずるところは、かようの邪見《じゃけん》のものをたすけん料《りょう》にこそ、申《もう》しあはせたまへと申《もう》すことにて候《そうら》へば、よくよく念佛《ねんぶつ》そしらんひとをたすかれとおぼしめして、念佛《ねんぶつ》しあはせたまふべく候《そうろ》ふ（以下略）」

（法然上人の二十五日の命日の念佛の法要も、結局はこのような邪見の人々をたすけんがためにこそ、となえあう念佛であると申されていることですから、よくよく念佛を非難する人がたすかってほしいとお思いになって念佛を申しあってください）という意味になりましょう。

普賢師が引用されたご消息（第二五番）も、いま引用・意訳しましたご消息（第四三番）をならべて読みませんと親鸞さまの真意が伝わらないと思います。第二五番のご消息は、ご存知のとおり戦前・戦中はもちろん戦後でさえも散々に誤解され曲解されて、念佛が護国思想として伝えられ、その時々の政治権力に妥協していった、いわくつきの手紙です。

師は『「世のいのり」とは「朝家の御ため、国民のために念佛申しあはせたまふ」ことであり「世のなか安穏なれ、佛法ひろまれとおぼしめすべし」とあるごとく、如来の大悲に生かされる念佛者のおのずからなる願いと解すべきでありますす』と申され、真実信心以前の善導和讃（上述）の「現世のいのり」とは同一の意味ではないといわれて、わざわざ信後報謝の念佛までも「おのずからなる素純な願い、ひたすらな思念と解すべきであります」と申されているのです。師も申されるように「世にいのりとは現世祈祷・祈願請求の意ではない」ことは申すまでもないことであります。「信後報謝の念佛」こそが親鸞さまが申される「世のいのり」なのであります。失礼ながら、かくも「世のいのり」という言葉を忌避されるのは、「羹《あつもの》に懲《こ》りて膾《なます》を吹く」例えのように、そう心配されなくてよいのではないでしょうか。信心正因・称名いのりです。師の言葉を援用するなら信心正因・称名「思念」でしょうか。

御身の料（りょう）

「御身（ども）の料」という言葉が第二五番のご消息に一回、第四三番のご消息に三回でてきます。聖典には「料見（八〇八頁）」「ため（同頁）」とあり、六二二頁には料・ため・手段・方法などと訳してあります。諸橋轍次の辞典（第五巻＝六一三頁）では、「量《はかる》」「数《かぞえる》」「度《かんがえる》」「簡《えらぶ》」などがあり、わが国では、「れう」と読んで、ある代償としてさしだす金員、たとえば手数料・使用料・保険料の意味に使われているようです。六二二頁の「弥陀佛は自然のやうをしらせんれうなり」の手段・方法という訳は代償から転意したものでしょうね。もともと「料」は米と斗（ひしゃくの形）で、米を量《はか》る意であり、それから思料、料簡、材料、料理、給料、料金等々、状況に応じて広く使われています。

第二五番のご消息の「御身にかぎらず念佛申さんひとびとは、わが御身の料はおぼしめさずとも」は「性信房の御身にかぎらず、念佛をいただいたひとびとは、(信心をいただいたひとびとは)、自分の身のことについては思いわずらわずとも」と訳しても意は通じますし、「自分の往生については思わずとも」と訳してもいいわけです。

第四三番のご消息の「これにつけても御身の料はいま定まらせたまひたり。この場合の「料」も「往生」といっても「信心」といってもいいです。私は「分《ぶん》」と訳してみました。つぎに「御身どもの料は、御念佛はいまはなにかはせさせたまふべき」のところの「料」も「分」と訳してみました。

今井雅晴氏は『親鸞と浄土真宗』という著書のなかで「あなた方の極楽往生の分としては念佛はもう必要はありません(同書九〇頁)」と解釈してあり、真継伸彦の『親鸞全集(第四巻)』では「あなた(性信房)自身については念佛はもはや不必要でありましょう(同著二三七頁)」とあります。これは「御念佛はいまはなにかはせさせたふべき」についての解釈で傍点をうっていますように不必要とまで表現するには賛成できません。だから、さきにも訳しましたように「性信房の分については、御念佛について今やとやかくいうこともないでしょう」と訳したのです。ご消息の文どおりに読めば「御念佛は今は何かはせさせ給ふべき」の「何かは〜べき」は反語でしょうから、御念佛は何の必要があろうか、必要ではないとなりましょうが、この文のすぐ前には「念佛を御心にいれてつねに申して…」という文もあり、一念か多念かという論議にまでも展開してしまいますので、少々あいまいですが、以上のように訳したのです。

朝家のため、国民のため

第二五番の「朝家の御ため、国民のため」でありますが、左訓には「おおやけのおんため」が朝家に、「くにのたみ、ひやくしゃう」が国民にあるのです。

この朝家と国民とは、どんな朝家でありどんな国民のことであったのかについては、この第二五番のご消息でははっきりしません。それについては第四三番のご消息とあわせて読むことが大事であろうと考えます。

そこには「念佛を御こころにいれてつねに申して、念佛をそしらんひとびと、この世・のちの世までのことを、いのりあわせたまふべく候ふ」とか「ただひがうたる世のひとびとのいのり」とか「かやうの邪見のものをたすけん料（ため）にこそ…」などの文が見えます。「そしる」は謗《そし》るですし、「ひごう」は非業で「まちがった」の意味です。

これで朝家や国民の意味が具体的になります。「ひごうたる」「朝家」、「そしらん」「国民」と読みたいのです。

ご存知のように親鸞さまは三五歳のとき流罪、

師・法然さまも流罪、合計八名が流罪、四人は斬首にあっておられるのです。佛法にそむき、まちがった「朝廷」のために。国民とは、第二五番のご消息にある「母・姉・妹」のことを示した言葉でしょう。極論すれば「性信房のかたうど（味方）」になれなかった人びとです。鎌倉幕府は暴力的な弾圧とともに懐柔策も使って裏から家族（母・姉・妹）を懐柔して性信房の決意をにぶらせ、ひきとめる策を使ったと思われます。家族、つまり足許からも圧力の手はのびてきた、それは昔も今も権力がつかう常套手段です。

信心正因・称名報恩

信心正因・称名報恩というフレーズがありますが、「称名」は単に口業のみでなく意業であり身業であります。佛の名号を称えるという口業にのみ限定されることではなく、意業として「ひごうたる世のひとびとをいのる」ことであり、身業として「世の中の安穏」と「佛法の弘通」を実践することであります。換言すれば、世の批判と創造です。つまり、もはや学びました「後世（この世）のあしきことをいとふ（聖典七三九頁）」「世をいとふしるし（聖典七四〇頁）」と意味においてちがいはないと考えます。

先年、キリスト教の牧師をしていた友人から、『戦時中によく宣伝された〝滅私奉公〟と、聖徳太子の十七条憲法の第十五条にある「背私向公＝私《わたくし》に背《そむ》きて公《おおやけ》に向《ゆ》く（聖典一四三七頁）」とのちがいを、どう考えるか』と問われて驚きもし、はずかしい思いをしたことであります。信後における報恩の称名を単に口称のみに終らせてはならない、「念佛して地獄におちたりとも、さらに後悔すべからず候ふ（聖典八三二頁）」です。「詮じ候ふところは、御身にかぎらず念佛申さんひとびとは、わが身の料はおぼしめさずとも、（ひごうたる）朝家の御ため（念佛をそしらん）国民のために念佛を申しあはせたまひ候はば、めでたう候ふべし（中略）。わが身の往生一定とおぼしめさん人は、佛の御恩をおぼしめさんに、御報恩のために御念佛こころにいれて申して、世のなか安穏なれ、佛法ひろまれとおぼしめすべしとぞ、おぼえ候ふ（聖典七八二頁）」と。

信後の称名報恩はこれに尽きる。真宗者の日々は「世のいのり」に尽きる。念佛者の人生は「世をいとふ」に尽きるのです。「大信心はすなわち欣浄厭穢の妙術」なのであります。

結論を申します。浄土真宗の信心以前の祈願請求・攘災招福《じょうさいしょうふく》は迷信でありますが、信後の称名報恩は、「ひごうたる世をいのり、念佛をそしらん人々をいとう」て背私向公の道を歩むことをいうのであります。

ついでながら、本願寺新報社にこの「いのりについて」の記事が掲載されたあと、おなじスペースで大峯顕氏に依頼して論文を依頼し掲載されるべきことを要望しました。いまだに返事もありませんし、掲載されていません。

今回はこれで終っておきます。ありがとうございました。

本願寺新報（旬刊）　2003.2.20号

トップニュース

浄土真宗の教えの根本である「他力本願」という言葉の「誤用」が昨年春に新聞広告であったことに関連して、十月に開催された定期宗会で浄土真宗の教えの上から「いのり」という言葉の理解について質問があり、答弁（説明）があった。この質疑をもとに、十二月十日付けの毎日新聞が「祈り〝公認〟浄土真宗本願寺派」という見出しで、「いのり」という言葉の使用を宗派が認めたかのような記事が掲載された。十二月十二、十三日に開催された臨時宗会で緊急質問がなされるなどふたたび質疑がなされ、またこの記事を受けて、本紙十二月二十日号に「いのりについて」の記事を掲載した。このような経過をふまえて、勧学の普賢晃壽氏にあらためて『いのり』について」と題して執筆してもらった。

「いのり」について

勧学　普賢晃壽

普賢晃壽《ふげんこうじゅ》勧学

一

「いのり」について考える場合、一律に解釈はできません。それぞれの宗教、宗派の教義にもとづいて意味づけ、解釈がなされています。そしてそれぞれの解釈に立脚して、「祈願」・「いのり」の宗教的いとなみがなされていくものといわねばなりません。

私どもの親鸞聖人の浄土真宗のおみのりは、一言で申せば「祈りなき宗教」であります。私の方から祈って救われるのではない。むしろ逆に如来さまの方から願われて救われていくところに、浄土真宗の世界があるといえましょう。

そこに如来さまの本願にめざめた念仏者の日暮らしの展開があるといわねばなりません。

親鸞聖人も「正像末和讃」に

浄土真宗に帰すれども
真実の心はありがたし
虚仮不実のわが身にて
清浄の心もさらになし

（註釈版聖典617ページ）

と悲歎されているように、人間には純粋に「真心こめた祈り」はあり得ないといわねばなりません。

浄土真宗は「祈りなき宗教」

二

浄土真宗の信心は古来機法《きほう》二種の深信《じんしん》といわれています。それは如来の大悲にめざめた者の信心の内容を「機の深信」と「法の深信」の二面に開いて説明されたものであります。「機の深信」とは、自身は過去・現在・未来の三世にわたって、迷いの境界より助かる可能性の全くたえはてた存在でしかないという、私たち本来の姿を信知させていただくことであります。人間には純粋な「まこと」はありえないことを知らさせていただくことであります。この「機の深信」の立場より、私ども人間には真実の末通った「すくい」を求めての「いのり」は不可能といわねばなりません。反面「法の深信」とは、私たちを救う如来の願力、「すくい」を信知し、如来の大悲に全託する心であります。

親鸞聖人は『唯信鈔文意』に

「信」はうたがひなきこころなり（中略）本願他力をたのみて自力をはなれたる、これを「唯信」といふ。

（同699ページ）

と、ご教示されています。「本願他力をたのむ」とは本願他力を信じ、まかせるという意味であり、そこには祈願請求の意味は全く存しないのであります。

浄土真宗の信心は、如来の本願他力をあてたよりにし、如来の大悲に生かされる信心であります。凡夫から救いを求め、仏に祈り願う自力のはからいは全く存しないといわねばなりません。以上が浄土真宗の信心の根本的立場であります。

三

このような如来の大悲の信に生きられた親鸞聖人にあっては、具体的に現世の「いのり」をどのように見られておられたのでしょうか。そのことを聖人のご教示のおことばの上に見るに、「御和讃」と「御消息」の文をあげることができます。

まず、『高僧和讃』には

仏号むねと修すれども
現世をいのる行者をば
これも雑修となづけてぞ
千中無一ときらはるる

（同590ページ）

と述べられています。この「御和讃」は聖人が念仏をもって、凡夫の功利的な欲望にねざした現世祈祷の具に供することを、厳にいましめられているものであります。弥陀の名号をもっぱら称する身でありながら、この念仏をもって、現世祈祷の具に供したならば、千人中一人たりとも助かる者はないという意味であります。きびしく現世祈祷を禁止されている「御和讃」であります。如来の本願他力に全託する信に生かされている念仏者にあっては、その信心の場に現世の祈願請求の「いのり」を持ち込むのであれば、それは自己の功利的なはからいであり、純粋な他力の信を否定することになりましょう。このように、攘災招福の祈願請求の現世の「いのり」を明確に否定されているのが、この「御和讃」の聖人のご教示であります。

「いのり」について質疑があった昨年10月の定期宗会

四

次に「御消息」を伺いますに、「いのり」について記述されたご教示が存します。

「それにつけても念仏をふかくたのみて、世のいのりにこころにいれて、申しあはせたまふべしとぞおぼえ候ふ。詮じ候ふところは、御身にかぎらず念仏申さんひとびとは、わが御身の料はおぼしめさずとも、朝家の御ため国民のために念仏を申しあはせたまひ候はば、めでたう候ふべし。（中略）わが身の往生一定とおぼしめさんひとは、仏の御恩をおぼしめさんに、御報恩のために御念仏こころにいれて申して、世のなか安穏なれ、仏法ひろまれとおぼしめすべしとぞ、おぼえ候ふ」

（同783〜784ページ）

この文中の「世のいのり」とは「朝家の御ため国民のために念仏まふしあはせたまふ」ことであり、「世のなか安穏なれ、仏法ひろまれとおぼしめすべし」とある如く、如来の大悲に生かされる念仏者のおのずからなる「願い」と解すべきであります。上述の「御和讃」の「現世のいのり」とは同一の意味ではありません。即ち「御消息」の「世のいのり」とは、朝家と国民のために念仏することであり、心に世の中安穏なれ仏法ひろまれかしと「おぼしめし」つつあることをいうのであります。社会の平安、仏法興隆を念願しつつ、念仏申すことにほかならぬのであります。

この念仏は我を救いたもう如来に対する知恩報徳の常行大悲の称名であります。正定聚の信心の行者には常行大悲の益が恵まれてあります。常行大悲とは、常に如来の大悲を伝布することに生きる信心の行者の報謝のいとなみであります。信後報恩の念仏は、常行大悲、如来の大悲をつたえひろめる報謝のいとなみといえましょう。この如来の大悲に生かされる信心の行者の宗教生活は「世のなか安穏なれ仏法ひろまれ」の願いとなって展開するものといわねばなりません。したがって「御消息」の「世のいのり」とは現世祈祷・祈願請求の意ではなく、常行大悲の益に生かされる念仏者の仏法弘通・平和へのおのずからなる素純な願い、ひたすらな思念と解すべきであります。

今日的課題である真宗者の平和運動もかかる姿勢に立脚して展開されるべきであると考えます。常行大悲の報謝の心でもってなされる平和への願いは、真宗者の尊い宗教的いとなみといえましょう。

朝日新聞
2003（平成15年）4.3夕刊

祈る兵士、揺れる心

米空母キティホーク

任務・信仰「切り離さねば」

十一門	（中・上）	経文	疏文
		中輩観の行善（の中）中品上生の位の中、先づ挙げ、弁じ、結す。即ちその八あり。	
1	仏の告命	（一）仏、阿難及び韋提希に告給わく	総じて告命を明かす。
2	総じて位の名を挙ぐ	（二）「中品上生というは	「中品上生者」よりは、まさしくその位を弁定す。即ちこれ小乗根性の上善の凡夫なり。
5 6 7	機の堪と不堪をえらぶ 受法の不同 修行の延促	（三）①もし衆生ありて②五戒を受持し、八戒斎を持《たも》ち、諸戒を修行して③五逆を造らず、④諸の過患《かげん》なからん。	まさしく第五（機の堪と不堪を簡ぶ）第六（受法の不同）門の中の受法の不同を明かす。即ちその四あり。 ①機の堪と不堪とを簡《えら》ぶことを明かす。 ②小乗の斎戒等を受持することを明かす。 ③小戒の力、微にして五逆の罪を消さざることを明かす。 ④小戒等を持ちて犯すことあることを得ずと雖《いえど》も、もし余愆《よけん》あらば、恒《つね》に須《すべ》らく改悔《かいげ》して必ず清浄ならしむべきことを明かす。 これ即ち上の第二の戒善の福（聖典92頁）に合《がっ》す。しかるに修戒の時は或いは終身、或いは一年・一月・一日・一夜・一時等なり。この時また不定なり。大意はみな畢命《ひつみょう》を期となして毀犯《きぼん》することを得ず。
8	所修の業を回して願求す	（四）この善根をもって回向して西方極楽世界に生ぜんと願求す。	まさしく第八門の中の、所修の業を回して所求の処に向かうことを明かす。
9	命終の時、聖	（五）①命終るときに臨みて、②阿弥陀仏は諸の比丘・眷属のために囲《い》繞《にょう》せられて③金色の光を放	まさしく第九門の中の、終時に聖来りて迎接したまう不同と去時の遅疾とを明かす。即ちその六あり。

No.4

	10	11	
来りて迎接の不同を明かす 去時の遅疾を明かす	華開の不同	華開後の得益の異なるを明かす	結語
ちて、その人の所に至る。④苦・空・無常・無我を演説し、出家の衆苦を離るることを得ることを讃歎す。⑤行者、見已《をは》りて心大きに歓喜す。自ら己身を見れば、蓮華の台に坐せり。長跪合掌して佛のために礼をなす。⑥いまだ頭《こうべ》を挙げざる頃《あいだ》に、即ち極楽世界に往生することを得て。	(六)蓮華、尋《すなは》ち開く。	(七)華の敷《ひら》くる時に当りて、諸の音声を聞くに四諦を讃歎す。時に応じて即ち阿羅漢道を得。三明・六通ありて八解脱を具す。	(八)是れを中品上生のものと名づく」と。
①命延久しからざることを明かす。②弥陀、比丘衆と来りて、菩薩あることなきを明かす。これ小乗の根性なるによりて、また小根の衆を感ぜり。③仏、金光を放ちて行者の身を照らし給うことを明かす。④仏、ために法を説き、また出家は多衆の苦、種々の俗縁・家業・王官・長征・遠防等を離るることを讃ずることを明かす。「汝いま出家して四輩に仰がれ、万事憂《うれ》えず。廻然《ぎょうねん》として自在にして去住障りなし。これが為に道業を修することを得」と。故に『衆苦を離る』と讃ず。⑤行者既《すで》に見聞し已《をは》りて欣喜し、即ち自身を見れば已《すで》に華台に坐し頭《こうべ》を低《た》れて佛を礼することを明かす。⑥行者、頭を挙《あ》け已《をは》れば彼の国にあることを明かす。	まさしく第十門のなかの彼処《かしこ》に到りて華開の不同を明かす。	まさしく第十一門の華開後の得益の不同を明す。三あり①宝華、尋ち開くことを明かす。これ戒行精強なるによるが故なり。②法音、同じく四諦の徳を讃ずることを明かす。③彼処に到りて四諦を説くを聞きて即ち羅漢の果を獲《う》。『羅漢』というは無生といい無着という。因亡《いんもう》ずるが故に無生なり。果喪《そう》ずるが故に無着なり。『三明』というは、宿命《しゅくみょう》明《みょう》・天眼《てんげん》明・漏尽《ろじん》明なり。『八解脱』というは内有色外観色は一の解脱なり。無色外観は二、不浄相は三、四空と滅尽と総じて八を成ず。	『是名』より以下は総じて結す。上来八句の不同ありといえども、広く中品上生を解し竟《おわ》んぬ。 ※中・上より下・下まで第三・四門は省略。

次に中品中生の位のなかにつきて、また先づ挙《あ》げ、次に弁じ、後に結す。即ちその七あり。

十一門	（中・中）	経文	疏文
1	仏の告命	なし（省略）	なし（省略）
2	位を弁定す	（一）「①中品中というは	「中品中生者」よりは総じて行の名を挙げてその位を弁定す。即ちこれ小乗下善の凡夫なり。
5 6 7	機の堪と不堪を簡ぶ 受法の不同 修業の延促	（二）もし衆生ありて①もしは一日一夜に八戒斎を受持し②もしは一日一夜に沙弥戒を持《たも》ち③もしは一日一夜に具足戒を持ちて、威儀欠くることなし。	まさしく第五・六・七門の中の簡機（機の堪と不堪とを簡《えら》ぶ・受法の不同を明かす・修業の延促の異を明す・）。即ちその三あり。①八戒斎を受持す。②沙弥戒を受持す。③具足戒を受持す。この三品の戒はみな同じく一日一夜なり。清浄にして犯すことなく即ち軽罪に至るまでも極重の過《とが》を犯すが如くし、三業の威儀に失あらしめず。これ即ち上の第二の福（聖典92頁）に合す。まさに知るべし。
8	浄土に生ぜんと願ず	（三）この功徳をもって回向して極楽国に生ぜんと願求す。	まさしく所修の行を回して、弥陀国に生ぜんと願ずることを明かす。

No.5

9	聖の来迎と去時の遅疾	（四）戒香の薫習せる、かくのごときの行者は①命終らんとするとき、②阿弥陀佛の諸の眷属とともに金色の光を放ち③七宝の蓮華を持《も》たしめて④行者の前に至り給ふを見る。⑤行者みづから聞けば、空中に声ありて讃じていはく⑥〈善男子、汝がごときは善人なり。三世の諸佛の教に随順するが故に、われ来りて汝を迎う〉と。⑦行者みづから見れば、蓮華の上に坐せり。蓮華、即ち合し、⑧西方極楽世界に生じて宝池のなかにあり。	まさしく第九門の中の、行者の終時に聖来りて迎したまうと去時の遅疾とを明かす。即ちその七あり。 ①命延久しからざることを明かす。 ②弥陀、諸の比丘衆と来たりたまうことを明かす。 ③佛、金光を放ちて行者の身を照らしたまうことを明かす。 ④比丘、華を持して来現することを明かす。 ⑤行者みづから空の声等の讃を見聞することを明かす。 ⑥佛讃じて「汝、深く佛語を信じ、随順して疑うことなし。故に来りて汝を迎う」とのたまうことを明かす。 ⑦すでに佛讃を蒙りて即ち見るに、自ら華座に坐す。坐し已れば、華合することを明かす。 ⑧華すでに合し已りて、即ち西方宝池の中に入ることを明かす。
10	華開の不同	（五）七日を経て蓮華、乃ち敷く。	まさしく第十門の中の彼処《かしこ》に到りて華開くる時節の不同を明かす。
11	得益の不同	（六）①華すでに敷《ひら》け已《をは》りて目を開き②合掌して世尊を讃歎したてまつり、③法を聞きて歓喜し、須陀洹《しゅだおん》を得、④半劫を経をはりて阿《あ》羅漢《らかん》と成る。	まさしく第十一門の中の華開以後の得益の不同を明かす。即ちその四あり ①華開けて佛を見たてまつることを明かす。 ②合掌して佛を讃ずることを明かす。 ③法を聞きて初果（預流果）を得ることを明かす。 ④半劫を経おわりて、まさに羅漢となることを明かす。
	結語	（七）これを中品中生のものと名づく」と。	（七）『是名』より以下は総じて結す。上来七句の不同ありといえども、広く中品中生を解し竟んぬ。

次に中品下生の位のなかにつきて、また先づ挙げ、次に弁じ、後に結す。即ちその七あり。

十一門	（中・下）	経文	疏文
1	佛の告命	なし（省略）	なし（省略）
2	位の弁定	（一）「中品下生というは	「中品下生者」より以下は、まさしく総じて行の名を挙げて、その位を弁定することを明かす。即ちこれ世善上福の凡夫人なり。
5 6	機堪と不堪 受持の不同	（二）①もし善男子・善女人ありて ②父母に孝養し、③④世の仁慈を行ぜん。	まさしく第五・六門の中の簡機・受法の不同を明かす。即ちその四あり。 ① 簡機を明かす。 ② 父母に孝養し、六親に奉順することを明かす。即ち上の世福（聖典92頁）の第一「孝養父母」第二「奉事師長」の句に合す。 ③ この人、性調《ととの》おり、柔善にして自他を簡ばず。物の苦に遭《あ》えるみて慈敬を起すことを明かす。 ④ この品の人、かつて佛法を見聞せず、悕《け》求《ぐ》することを解《さと》らず、ただ自ら孝養を行ずることを明かす。知るべし。
8	臨終に仏法に遇い世福を転じて往生の因とす	（三）この人命終らんとするとき、善知識の、それがために広く阿弥陀佛の国土の楽事を説き、また法蔵比丘の四十八願を説くに遇わん。	まさしく第八門の中の、臨終に佛法に遇《あ》逢う時節の分斉《ぶんざい》を明かす。 ※分斉＝区分

9	去事の遅疾と得益	（四）この事を聞き已りて、尋即《すなは》ち命終る。たとえば壮士の臂《ひじ》を屈伸する頃《あひだ》の如くに即ち西方極楽世界に生ず。	まさしく第九門の中の得生の益と去時の遅疾とを明かす。
10	華開の不同	（五）生じて七日を経て。	「生じて」よりは、まさしく第十門の中の彼処に到りて華の開と不開とを異となすことを明かす。
11	得益の不同	（六）①観世音および大勢至に遇いて ②法を聞きて歓喜し ③一小劫を経て阿羅漢と成る。	まさしく第十一門の中の、華開以後の得益の不同を明かす。その三あり。 ① 時を経て以後、観世音・大勢至に遇いたてまつることを得ることを明かす。 ② すでに二聖に逢いたてまつりて妙法を聞くことを明かす。 ③ 一小劫を経て以後、はじめて羅漢を悟ることを明かす。
	結語	（七）これを中品下生のものと名づく。これを中輩生想と名づけ、第十五の観と名づく」と。	

『仏説観無量寿経』科文

『註釈版』頁

（尚、頁は『浄土真宗聖典（註釈版）』によっています）

編集後記

群萌叢書、第二十一巻『中輩の機類』をお届けいたします。引き続きのご購読ありがとうございます。講読の会も、一九九一年十月に始まって以来、十五年の歳月を経て、二〇〇五年四月、『観無量寿経』の講読を終了することができました。今後は、講読シリーズの出版を完結させるため、事務局としても努力していく所存ですので、読者のみなさまには、引き続きご期待ください。

今回も永田文昌堂永田　悟さまには引き続き出版を快くお引受けいただき、表紙とカットを折口浩三さまにお願いいたしました。ありがとうございました。

（群萌学舎事務局）

「群萌学舎」

◇名　称　・群萌学舎（ぐんもうがくしゃ）
◇目　的　・親鸞聖人の教えに学び、現代社会のかかえている諸問題を考える。
◇活　動　・継続的に聖典を講読していく。（年、数回の講読会をもつ）
　　　　　　・一月下旬　・六月〜七月
　　　　　・講義の内容を冊子にする。
　　　　　・その他
◇会　員　・趣旨に賛同くださる方。
◇会　費　・維持会員　年間会費　二五、〇〇〇円（年二回の講読料、本各二冊）
　　　　　・講読の会は随時参加。
◇会　場　・備後教区内の会員のお寺、または適当な会場。
◇会の運営　・世話人と事務局で運営。会計は年一回報告。
◇世話人　季平恵海・不二川公勝・高橋了融・奥村宏道・田坂英俊・季平博昭・小武正教
◇事務局　〒七二二－〇二一五　広島県尾道市美ノ郷町三成五〇〇　法光寺内
　　　　　（☎〇八四八－四八－〇〇二四／FAX四八－三七二四）
◇出版事務局　〒七二八－〇〇〇三　広島県三次市東河内町二二三七　西善寺内（☎／FAX〇八二四六－三－八〇四二）

「群萌学舎」講読の会の歩み

（講師）円日成道師　（内容）『観無量寿経』講読

第１回	1991年10月８～９日	明覚寺（広島県双三郡吉舎町）	『群萌の一人』
第２回	1992年６月２～３日	慶照寺（府中市出口町）	『昔日の因縁』
第３回	1992年10月５～６日	法光寺（尾道市美ノ郷町）	『浄邦の縁熟』
第４回	1993年６月１～２日	MGユースホステル（広島県甲奴郡上下町）	『浄業の機彰』
第５回	1993年10月19～20日	福泉坊（福山市駅家町）	『光台の現国』
第６回	1994年６月１～２日	西善寺（三次市東河内町）	『如来の微笑』
第７回	1994年10月４～５日	本願寺備後会館（福山市東町）	『不遠の弥陀』
第８回	1995年６月１～２日	照善坊（三次市糸井町）	『父母の孝養』
第９回	1995年10月12～13日	慶照寺（府中市出口町）	『浄業の正因』
第10回	1996年６月４～５日	明覚寺（広島県双三郡吉舎町）	『仏語の宣説』
第11回	1996年９月26～27日	法光寺（尾道市美ノ郷町）	『無生の法忍』
第12回	1997年６月５～６日	光永寺（広島県双三郡三和町）	『日没の諦観』
第13回	1998年１月26～27日	本願寺備後会館（福山市東町）	『観地の説法』
第14回	1998年７月15～16日	本願寺備後会館（福山市東町）	『七重の行樹』
第15回	1999年１月25～26日	本願寺備後会館（福山市東町）	『願力の所成』
第16回	1999年９月27～28日	本願寺備後会館（福山市東町）	『仏像の心想』
第17回	2000年１月24～25日	本願寺備後会館（福山市東町）	『念仏の衆生』
第18回	2001年１月22～23日	松乃屋旅館（福山市東町）	『菩薩の妙用』
第19回	2001年７月２～３日	松乃屋旅館（福山市東町）	『神通の如意』
第20回	2002年１月21～22日	松乃屋旅館（福山市東町）	『経言の三心』
第21回	2002年７月４～５日	松乃屋旅館（福山市東町）	
第22回	2003年７月９～10日	本願寺備後会館（福山市東町）	
第23回	2004年４月12～13日	ウェルサンピア福山（福山市）	
第24回	2004年10月４～５日	本願寺備後会館（福山市東町）	
第25回	2005年４月４～５日	本願寺備後会館（福山市東町）	

著者紹介

円日 成道（まどか　じょうどう）
1927年　生まれる
1954年　浄土真宗本願寺派　光円寺（福岡教区福岡組）住職
1999年　退職
著書『娑婆に生きて』（教育新潮社）
『いのちにそむきて』（探究社）
『終わりなき世に立ちて』（教育新潮社）
『三つの髻』（本願寺出版社）
『わたしの立っている所から－自心に建立せよ－』
（備後・靖国問題を考える念仏者の会）
『観無量寿経講読Ⅰ～XX』（永田文昌堂）
住所　福岡市中央区天神3丁目12－3

中輩の機類　観無量寿経講読XXI

2018年3月30日発行

著者　円日成道

発行者　永田悟

発行所　「群萌学舎」出版事務局
〒728-0003　三次市東河内町237　西善寺内
電話　08246-3-8042
「群萌学舎」事務局
〒722-0215　尾道市美ノ郷町三成500　法光寺内
電話　0848-48-0024
永田文昌堂
〒600-8342　京都市下京区花屋町通西洞院西入
電話　075-371-6651
振替　01020-4-936

印刷　尾道 田中凸版印刷　ISBN978-4-8162-5521-2 C1015